BJÖRN FRANK

Zu
Keynes
passt
das nicht

Vom Leben und Sterben
großer Ökonomen

BERENBERG

*Wenn ich dann höre, dass eine Shaw-Biographie in vier Bänden
gibt, mit 2000 Seiten, dann sage ich, mein lieber Freund,
das ist ja gründliche Arbeit, vielen Dank, aber du hättest es
eher auf den Punkt bringen können, durch Weglassen.*
HANS MAGNUS ENZENSBERGER

*Jede Biographie ist ein Roman,
der seinen Namen nicht zu sagen wagt.*
ROLAND BARTHES

Vorwort: Über dieses Buch
und warum es nicht dicker ist

Am 9. Juni 2013 wurde der schwedische Biochemiker Alf Stefan Andersson, Professor an der Universität Houston (Texas), von seiner Freundin mit dem Stiletto-Absatz ihres Schuhs erschlagen. Auch eine Möglichkeit, als Wissenschaftler in die Medien zu kommen, dachte ich damals. Aber doch sinnlos – eine Nachricht war das, keine Geschichte. Über Biochemie lernt man daraus nichts.

Mir fielen die Ökonomen ein, die ein romanhaftes Leben gelebt hatten, als hätte es sich jemand ausgedacht: nicht nur wie sie lebten, sondern auch wie sie starben. Ob sie sich nun umbrachten, umgebracht wurden, ihren Tod vortäuschten oder elend an Krankheiten zugrunde gingen – immer schien es, als hätte ihr Werk damit zu tun. Das gilt zum Beispiel für Jeremy Bentham, der »das größte Glück der größten Zahl« wollte und damit das philosophische Fundament der Wirtschaftswissenschaft legte. Oder für Friedrich List, der für Freihandel kämpfte, für Schutzzölle und die Entwicklung der Eisenbahn. Und auch für John Maynard Keynes, den Schöngeist unter den Ökonomen. Über sie wollte ich so schreiben, als seien es keine Biografien, sondern Erzählungen, die in einen Tod münden, der ein letztes Schlaglicht auf ihr Leben und ihr Werk wirft.

Es ist mir ganz recht, wenn Sie sich beim Lesen fragen: Kann das wirklich sein? Die Antwort ist in jedem Fall ja, denn ich habe mir nichts ausgedacht. Höchstens ein bisschen ausgewählt, aber es ist alles wahr und belegt (fast alles – die wenigen Passagen, in denen ich ein bisschen spekulieren und meine Phantasie bemühen musste, sind als solche erkennbar). Noch eine Regel habe ich mir gegeben: Ein eigentümlicher Tod reicht nicht aus. Alle Ökonomen, die in diesem Buch vorkommen, sind bedeutend. Einige, wie zum Beispiel John von Neumann, sind Jahrhundertgenies, andere sind Initiatoren eines ganzen Forschungszweiges, wie Joseph Alois Schumpeter. Oder sie sind als Namensgeber von Gesetzen oder Phänomenen – wie dem Cantillon-Effekt – unvergessen.

Beim Schreiben musste ich öfter daran denken, wie wir jugendliche Tennisspieler uns Anfang der achtziger Jahre lächerlich gemacht haben, wenn wir beim Aufschlag die Füße hintereinander, aber beide parallel zur Grundlinie stellten: Jeder konnte sehen, dass wir John McEnroe nacheiferten. Mein Vorbild für dieses Buch ist vielleicht nicht so leicht zu erkennen, es ist der McEnroe des biografischen Schreibens, Lytton Strachey. Beide sind zweifellos genial, in den Augen ihrer Zeitgenossen *Enfants terribles*, und es ist unmöglich, sie zu imitieren. In einem der folgenden Kapitel kommt Strachey ganz kurz als Liebhaber eines sehr bekannten Ökonomen vor, aber viel wichtiger ist etwas anderes: Er hat gezeigt, dass der Grundton einer Biografie nicht feierlich sein muss, sondern ironisch sein kann. Das gilt selbst im Angesicht der Tragödie, und sei es die eigene – die letzten Worte des an Magenkrebs erkrankten Strachey waren: »Wenn das Sterben ist, halte ich nicht viel davon.« Seine Lebensgefährtin, die Malerin Dora Carrington, verkraftete seinen Tod nicht und erschoss sich, sie wurde 38, er wurde 51 Jahre alt. Statistisch gesehen sind sie beide Ausreißer, besonders Carrington, denn im Durchschnitt sterben Autoren deutlich früher als Maler oder andere Künstler, was vermutlich daran liegt, dass Autoren nur selten Kontakt mit dem Publikum haben; jahrelang schreiben sie an einem Buch und dürfen ausgesprochen selten die Befriedigung erfahren, etwas Herzeigbares fertiggestellt zu haben. Auch der Produktionsprozess bei Autoren ist freudlos im Vergleich zu Schauspielern und Musikern, die auf Proben mit anderen Kreativen zusammenarbeiten dürfen, und selbst die einsame Malerei spricht wenigstens verschiedene Sinne an und kann sich an wechselnden Orten abspielen. Gleicht man die triste Tätigkeit am Schreibtisch durch extremes Verhalten in der Freizeit aus, ist das der Gesundheit und Lebenserwartung auch nicht zuträglich.

Ich habe versucht, diese Erkenntnisse ernst zu nehmen. Keines der Kapitel ist länger als nötig. Dicke Biografien gibt es sowieso genug. Außerdem habe ich versucht, nicht allein vor mich hin zu schreiben, zum Beispiel habe ich viele Kapitel dieses Buches so früh wie möglich vorgelesen und verschickt. Die Zahl derer, die mir schon vor Jahren das Gefühl gegeben haben, ein Produkt in den Händen zu halten, obwohl es eigentlich erst ein Fünftel eines Buches war, ist so groß, dass ich hier unmöglich eine Liste von Namen einfügen kann.

Besonders dankbar bin ich für die Ermutigung durch jene, die mit Wirtschaftswissenschaft eigentlich nicht viel am Hut haben und die sonst nichts über Ökonomie lesen; für sie ist dieses Buch geschrieben.

Cantillons letztes Problem
RICHARD CANTILLON (CA. 1680-1734)

Was soll man nur mit seiner Zeit anfangen, wenn man gestorben ist, wenn man sich aus der Welt, in der zu leben man gewohnt war, verabschieden musste? Noch etwas Neues beginnen, etwas Versäumtes nachholen? Richard Cantillon jedenfalls, das wissen wir sicher, schrieb ein Buch über die Wirtschaft, ein richtiges Buch, kein Hauch im Friedhofsnebel, sondern ein Werk, das 1755 gedruckt wurde.

Das alles wäre fast in Vergessenheit geraten, hätte der britische Ökonom und Philosoph William Stanley Jevons das Buch nicht wiederentdeckt und 1881 in der *Contemporary Review* gewürdigt – was dadurch sehr erleichtert wurde, bemerkte Jevons in einer Fußnote, dass er eines der wenigen erhaltenen Exemplare in seiner privaten Bibliothek »gefunden« hatte, nachdem er es viele Jahre zuvor in Paris »zufällig gekauft hatte«.

Man kann Jevons nicht nur zu seinem Fund gratulieren, sondern auch zu seiner disziplinierten Lektüre – ein Lesevergnügen ist das Buch nicht. Die drei Kapitel, die den bedeutendsten Beitrag zur Geldtheorie leisten, heißen

Über die Vermehrung und die Verminderung der Bargeldmenge in einem Staat – Weiteres über den gleichen Gegenstand, die Vermehrung und die Verminderung der Bargeldmenge in einem Staat – Eine andere Überlegung über die Vermehrung und die Verminderung der Bargeldmenge in einem Staat.

Was der Autor auf diesen Seiten beschreibt, wird heute Cantillon-Effekt genannt und ist keineswegs nur von historischem Interesse. Der Effekt tritt immer mal wieder auf, so auch heute als Folge der Griechenland- oder Euro-Krise.

Die Europäische Zentralbank (EZB) kann die Geldmenge nur erhöhen, indem sie Banken dazu bringt, sich bei ihr, der EZB, mehr Geld zu leihen, um mehr Kredite zu vergeben. Nachfrager nehmen die zusätzlichen Kredite auf, um mehr Produkte zu kaufen als zuvor. Was aber passiert, wenn die Hersteller dieser Produkte nicht ohne weiteres mehr produzieren können als bisher? Und wenn sie nicht gerade einen großen Lagerbestand haben? Dann bleibt ihnen nur eine vernünftige Reaktion auf die gestiegene Nachfrage: Sie erhöhen die Preise.

Davon war lange Zeit wenig zu spüren. Es war ein Rätsel, weshalb die lockere Geldpolitik der EZB seit 2008 nicht zu spürbarer Inflation führte. Cantillons Analyse hilft, ein wenig Licht ins Dunkel zu bringen. Er schrieb sein Buch zu einer Zeit, als die Bargeldmenge stieg, wenn neue Gold- oder Silberminen erschlossen wurden. Aber das geschieht nicht plötzlich. Die Mine wird entdeckt, dann stellen die Minenbesitzer Arbeiter ein, beauftragen Schmelzbetriebe und behalten selbst einen schönen Gewinn. All diese Leute geben nun mehr Geld aus als vorher und sind wirklich wohlhabender geworden – weil die Preise noch die alten sind, konnten sie sich mehr leisten. Aber, wie Cantillon schreibt: »Alle diese Vermehrungen der Ausgaben für Fleisch, Wein, Wolle usw. vermindern notwendig den Anteil der anderen Bewohner des Staates, die zunächst nicht an den Reichtümern der fraglichen Minen teilnehmen.« Denn nun steigen die Preise für diese Güter durch die zusätzliche Nachfrage der Minenbesitzer. Eine allgemeine Version dieser Geschichte bezeichnet man heute als Cantillon-Effekt:

Wird die Geldmenge so erhöht, dass sie zunächst einer speziellen Gruppe zugutekommt, dann wird diese Gruppe tatsächlich reicher, zu Lasten der anderen Mitglieder der Volkswirtschaft. Das heißt, es steigen nicht einfach die Preise, sondern es kommt gleichzeitig zu Umverteilung.

Und dieser Prozess braucht Zeit, das Geld geht ja nicht unendlich schnell von Hand zu Hand, sondern mit einer gewissen Geschwindigkeit (die Cantillon nicht anders analysiert, als moderne Geldtheoretiker es heute tun). Es steigen auch nicht alle Preise gleichmäßig, sondern zuerst die Preise der Güter, die von den Minenbesitzern und -arbeitern nachgefragt werden.

Und heute? Wer gibt mehr aus, nachdem die EZB die Geldmenge erhöht hat? Eine wichtige Gruppe von Nachfragern, die ihre Anschaffungen mit Krediten finanzieren, sind Immobilienkäufer. Wer noch zu den »alten« Preisen ein Haus bauen konnte, aber schon von den niedrigen Zinsen profitiert, ist ein echter Krisengewinnler. Wer heute ein Haus in einer guten Lage kauft, muss viel mehr zahlen als zu Beginn der Krise – Ökonomen sprechen von einer Vermögenspreisinflation. Für einen Teil der Güter, nämlich für solche, die als Geldanlage taugen, sind die Preise schon gestiegen, für andere noch nicht. Das ist die von Cantillon erzählte Geschichte in einem neuen Gewand.

Man kann bei Cantillon aber noch mehr entdecken. Besonders interessant ist seine Bevölkerungstheorie. Er kritisiert naive Versuche seiner Zeitgenossen, das Bevölkerungswachstum als einfaches exponentielles Wachstum »seit dem Urvater Adam« zu beschreiben. »Die Menschen vermehren sich«, schreibt er zwar, »wie die Mäuse in einer Scheune, wenn sie unbeschränkte Mittel für den Lebensunterhalt haben«, aber die Mittel sind eben nicht unbegrenzt. Und so wird das Bevölkerungswachstum auch davon abhängen, wie viel die Grundbesitzer für sich beanspruchen. Je mehr das ist, desto weniger bleibt für die unteren Klassen, und desto weniger Einwohner wird der Staat haben können.

Dies sind Gedanken, die der Engländer Thomas Robert Malthus später noch einmal und mit noch größerer Konsequenz aufschrieb, was ihm einigen Nachruhm als Entdecker des »Bevölkerungsgesetzes« einbrachte. Das ist jene pessimistische Theorie, nach der aller Fortschritt im Ackerbau, jede zeitweilige Vermehrung des Wohlstands immer wieder dazu führt, dass die Leute mehr Kinder bekommen, so dass pro Kopf gerechnet gar nichts gewonnen wird. Während weite Teile der Bevölkerung somit wenig Chancen hätten, dem Elend zu entrinnen, brachte es Malthus 1805 immerhin zur ersten Professur für Volkswirtschaftslehre überhaupt.

Davor war Ökonomie eine Wissenschaft, die nicht an den Universitäten betrieben wurde, sondern von Leuten, die die nötige Zeit und die nötige Bildung dafür hatten. Malthus begann als anglikanischer Pfarrer, Adam Smith, der 1776 mit »Wohlstand der Nationen« *den* ökonomischen Klassiker überhaupt veröffentlichte, war Philosoph und verdiente sein Geld später als Privatlehrer und Zollkommissar; Cantillons Zeitgenosse François Quesnay war Leibarzt von Madame Pompadour, der Mätresse Ludwig XV.

Und Cantillon? Sein Weg zum Ökonomen war ein naheliegender, er begann als Banker. Zwar wurde er in eine Familie irischer Landwirte geboren, zwischen 1680 und 1690, genauer weiß man es nicht. Aber ein Großonkel war ein bedeutender Bankier in London, und ein Cousin zweiten Grades nahm ihn in seine Bank in Paris auf, wo er 1708 die französische Staatsbürgerschaft beantragte. Acht Jahre später war dieser Cousin knapp dem Konkurs entgangen und übertrug Cantillon, der nebenbei im Weinhandel gut verdient hatte, die nun fast wertlose Bank gegen eine kleine jährliche Rente.

1720 wandelte Cantillon seine Bank in eine Kommanditgesellschaft namens Cantillon & Hughes um. John Hughes war sein Geschäftsführer, hinter dem Namen Cantillon steckte allerdings sein vierjähriger Neffe. Möglicherweise wollte Cantillon mit dieser Konstruktion verhindern, im Fall einer Pleite mehr zu verlieren als das Kapital, das er als Kommanditist schon in die Bank gesteckt hatte.

Die Geschäfte, die er bald darauf machte, waren ja auch nicht ohne Risiko. Zu der Zeit erlebte Europa eine der aufsehenerregendsten Spekulationsblasen aller Zeiten, es ging um Aktien der sagenumwobenen *Compagnie du Mississippi*. Cantillon selbst erwarb keine dieser Aktien, denn er sah ein baldiges Platzen der Blase voraus. Aber er lieh Anlegern, meist englischen Adligen, Geld, um welche zu kaufen. Die Aktien nahm er als Sicherheit für den Kredit entgegen, ließ sie jedoch nicht in seiner Bank liegen, sondern verkaufte die meisten sogleich. Wären die Kurse dieser Aktien weiter gestiegen und hätten die Schuldner ihre Kredite zurückgezahlt und ihre Aktien zurückgefordert, dann wäre Cantillon in Schwierigkeiten gewesen, denn er hätte die Aktien ja nun teuer wieder kaufen müssen.

Doch zunächst kam es anders. Die Kurse stürzten ab, Cantillon kaufte die Aktien billig zurück. Die gehörten zwar den Schuldnern, aber sie waren fast nichts mehr wert. Trotzdem mussten sie natürlich Cantillon das geliehene Geld zurückzahlen – und dazu Zinsen, die sich schon mal auf 55 Prozent belaufen konnten. Nicht alle nahmen dies hin, ohne Cantillon hartnäckig jahrelang mit Klagen wegen Wucher und Betrug zu überziehen. Als der besagte Hughes 1723 starb, klagte außerdem dessen Witwe, denn sie glaubte, einen Anspruch auf einen Teil der Bank zu haben, die Cantillon nun auflöste. Die Rechtsstreitigkeiten zogen sich mehr als zehn Jahre hin, und Cantillon war noch in einige mehr verwickelt.

Damit war es erst vorbei, als in der Nacht vom 14. auf den 15. Mai 1734 sein Haus in London in Flammen aufging. Es wurde eine bis zur Unkenntlichkeit verbrannte Leiche gefunden. Zunächst wurde vermutet, dass er nach seiner Gewohnheit mit einer Kerze ins Bett gegangen sei, um noch zu lesen, aber dann wurde ein Diener, den Cantillon einige Tage zuvor entlassen hatte, der Ermordung beschuldigt, allerdings wurde er nie gefasst.

Hier endet die Geschichte – oder sie endet nicht. Der Mann, der wenig später mit einigen Papieren Cantillons in der holländischen Kolonie Surinam auftauchte und sich Chevalier de Louvigny nannte, kann Cantillons Mörder gewesen sein. Dass in der Nacht seines Todes Frau und Tochter nicht in London, sondern in Paris waren, kann Zufall gewesen sein, ebenso wie die Tatsache, dass er vor seinem Tod einen ungewöhnlich hohen Betrag in bar von seinem Konto abgehoben hatte. Und es kann sein, dass sein Buch nach dem englischen Manuskript ins Französische übersetzt wurde, dass das englische Original dann verlorenging und dass auch die französische Version für rund zwanzig Jahre unveröffentlicht blieb, bis jemand auf die Idee kam, sie zu drucken. Es kann aber auch sein, dass sich hinter dem Chevalier in Wahrheit Cantillon selbst verbarg und dass Baron Friedrich Melchior von Grimm recht hatte, als er 1755 an Denis Diderot schrieb:

Seit einem Monat haben wir ein neues Werk über den Handel, betitelt ›Essai sur la nature du commerce en général, traduit de l'anglois‹ (...). Das Buch ist nicht aus dem Englischen übersetzt, wie dies zweifellos mit Absicht im Titel angegeben wird; es ist ein ursprünglich französisch von einem Engländer, M. de Cantillon, verfaßtes Werk, einem Mann von Ansehen, der seine Tage in der Languedoc beschloß, wohin er sich zurückgezogen und wo er viele Jahre gelebt hatte.

In einem späteren Brief allerdings widerruft Grimm diese Darstellung und schließt sich der offiziellen Version an. Wir werden nie sicher wissen, wie es sich abgespielt hat. Doch wenn Cantillon seine Ermordung vorgetäuscht hat, dann ist er mit einem Schlag alle Kläger und Gerichte losgeworden, dann war das ein Geniestreich – nur eben keiner, von dem man wissen durfte, keiner, für den er sich hätte bewundern lassen dürfen. Wie aber sollte er zurückgezogen leben und gleichzeitig den Namen Richard Cantillon in Glanz erstrahlen lassen? Das mit dem Buch, wohl dem bedeutendsten ökonomischen Werk vor Adam Smith, hat dann ja ganz gut geklappt.

Bentham: Keine schöne Leiche (aber nützlich)
JEREMY BENTHAM (1748–1832)

Dass die sterblichen Überreste von Jeremy Bentham, auf einem Stuhl sitzend, gut anderthalb Jahrhunderte nach seinem Tod immer noch jährlich an den Sitzungen des Senats des University College of London teilnehmen und dass im Protokoll steht: »Jeremy Bentham, present but not voting«, ist eine Erfindung. Es gibt diesen Protokolleintrag nicht, und verlässlich dokumentiert ist nur, dass Bentham 2013 teilnahm. Warum etwas Erfundenes hinzugefügt wurde, ist schwer zu verstehen. Sein Leben und Nachleben waren auch ohne Ausschmückungen romanhaft genug.

Es war bloß keiner jener abgeschmackten, vorhersehbaren Romane, in denen Kindheitserlebnisse alles, was später kommt, in die Spur setzen. 1760, im zarten Alter von zwölf Jahren, kam Jeremy Bentham als eine Art Wunderkind an das Queen's College in Oxford und wurde in eine Stube mit Blick auf den Friedhof einquartiert. Albträume und Angst vor Gespenstern verfolgten ihn fast sein Leben lang. Was wurde aus dem traumatisierten Kind, das mit 16 Jahren das College als Bachelor of Arts verließ und dann noch Rechtswissenschaften studierte? Wurde er zum Spiritisten, der mit allerlei Hokuspokus die Geister zu beschwören versuchte? Keineswegs. Sein Verstand übernahm das Kommando in der Auseinandersetzung mit dem Tod. Dass er sich vor Gespenstern fürchtete, ohne an Gespenster zu glauben, fand er mit nüchternem Blick interessant. Und 1769, mit 21 gerade volljährig und als Anwalt zugelassen, wagte er etwas Unglaubliches. Er setzte ein Testament auf und vermachte seinen Körper der medizinischen Ausbildung und Forschung. Das war vollkommen neu in einer Zeit, als die einzigen Leichen, an die man legal kommen konnte, um zu forschen und angehende Ärzte üben zu lassen, die von hingerichteten Verbrechern waren. Allerdings musste die Wissenschaft noch lange auf Benthams Leiche warten.

Benthams Familie war so vermögend, dass er kaum zu praktizieren brauchte, stattdessen machte er sich bald als Autor juristischer und rechtsphilosophischer Werke einen Namen. Dabei kannten seine Zeitgenossen nur einen Bruchteil dessen, was er schrieb. Bentham überließ seine Manuskripte häufig zu früh ihrem Schicksal, vieles wirkt unrund und ungeordnet. Manchmal mag er beim Schreiben an die britische Tagespolitik gedacht haben, nicht an die Nachwelt; manchmal mag es an dem Tempo gelegen haben, mit dem er sich immer neuen Ideen zuwandte und halbfertige Bücher hinter sich ließ wie Don Juan Frauen mit gebrochenem Herzen. Die meisten seiner ökonomischen Werke erschienen erst über hundert Jahre nach seinem Tod in einer dreibändigen Ausgabe.

Es hat immerhin dafür gereicht, unangefochten als Gründer einer philosophischen Schule zu gelten - des Utilitarismus -, aber ausgerechnet sein bekanntester Satz ist weder von ihm (sondern geht auf den italienischen Rechtsphilosophen Cesare Beccaria zurück), noch handelt es sich um eine brauchbare Maxime. »Das größte Glück der größten Zahl« sei der Maßstab guten Regierens. Ja, was denn nun? Sollen möglichst viele Leute ein bisschen glücklich sein? Oder dürfen ein paar Menschen unglücklich sein, wenn dafür zum Ausgleich viele sehr glücklich sind? Ist »das größte Glück der größten Zahl« nicht so sinnvoll wie ein Sportwettbewerb, bei dem man gleichzeitig »so hoch und so weit wie möglich« springen soll? Weder Bentham noch der Utilitarismus haben verdient, dass ausgerechnet dieser verunglückte Slogan an ihnen klebengeblieben ist.

Später drückte Bentham es anders aus: Die Politik soll das Glück der Bürger mehren und nicht mindern. Das hört sich heute nach einer selbstverständlichen Forderung an, aber zu Benthams Zeit war es das noch nicht – gerade eben war damals der Merkantilismus überwunden, dessen Vertreter sich besonders für den Zufluss von Edelmetallen in Volkswirtschaften interessierten, und neu war auch der Gedanke, dass das Glück aller gleichermaßen zählen sollte. Bis »gestern«, schrieb Bentham 1821, seien überall auf der Welt nur Tyrannen an der Macht gewesen, die sich bloß um ihr eignes Glück geschert hätten.

Im 19. Jahrhundert entwickelte sich die Wirtschaftswissenschaft im Fahrwasser von Benthams Utilitarismus. Erstens haben Ökonomen die Vorstellung übernommen, dass das Wohlergehen einer Gesellschaft nichts anderes ist als die Summe des Wohlergehens ihrer Mitglieder. (Dagegen mag es Ziele geben, die ein Gebilde wie eine »Nation« zum Beispiel militärisch erreichen könnte, ohne dass die Bürger davon etwas haben, ja vielleicht sogar zu ihren Lasten. So etwas mutet für Ökonomen seltsam an.) Zweitens schwebt Benthams Geist über fast jedem ökonomischen Modell, denn er meinte, Menschen würden ständig berechnen, wie sie ihre Freude mehren und ihr Leid verringern könnten. Das hört sich nach einem reichlich simplen Menschenbild an, ist es aber nicht. Bentham sieht, dass es viele verschiedene Quellen von Freude und Leid gibt: nicht nur Sinnesfreuden, sondern auch Freuden der Freundschaft, Freuden der Macht, Freuden der Einbildungskraft oder Freuden der Frömmigkeit. Ferner Leiden der Sinne, Leiden des schlechten Rufs, Leiden der Erinnerung, Leiden der Frömmigkeit und so weiter.

Reichtum kann direkt Freude bereiten, kann aber auch Mittel sein, um andere Freuden zu erlangen. So wie viele moderne Ökonomen stellte schon Bentham die Frage, wie sich materieller Wohlstand auf das Glück auswirkt. Solange besondere Umstände wie Krankheit oder anderes persönliches Unglück keine Rolle spielen, sollte von zwei Personen die reichere die glücklichere sein. Allerdings unterscheiden sich die Glücksniveaus der beiden weniger als ihr Reichtum, denn je reicher jemand schon ist, desto weniger wächst das Glück mit einem zusätzlichen Taler, Pfund, Dollar oder Euro. Für heutige Ökonomen ist das eine Selbstverständlichkeit (und heißt »abnehmender Grenznutzen des Geldes«), Bentham aber musste viel Mühe darauf verwenden, diesen damals neuen Gedanken zu erklären. Der Leser, schrieb er, solle sich tausend Bauern vorstellen, deren Einkommen zum Überleben reicht und für ein bisschen mehr. Und dazu einen König, der so reich ist wie die tausend Bauern zusammen, oder besser noch einen Prinzen anstelle des Königs, damit er die Mühe des Regierens nicht hat, sondern seinen Reichtum genießen kann. Dieser Prinz sei nun sicherlich glücklicher als ein durchschnittlicher Bauer – aber nicht tausendmal glücklicher. Selbst wenn er nur fünf- oder zehnmal glücklicher sei, wäre das schon bemerkenswert, meinte Bentham.

Wenn Geld nun aber den Armen mehr Glück bringt als den Reichen, dann müsste man konsequenterweise folgern, dass das Glück insgesamt am größten wäre, wenn alle gleich viel hätten. Und Bentham tat das auch. Was nicht heißt, dass er meinte, man solle den Reichen ihr Geld so lang wegnehmen, bis alle Unterschiede zwischen Armen und Reichen verschwunden seien.

Zum einen würde das dazu führen, dass niemand sich noch Mühe gäbe, seinen Besitz zu vermehren – was er sich erarbeitet, würde ihm ja sogleich wieder genommen. Zum anderen ist für das Glück nicht nur wichtig, wie viel Geld man hat, sondern auch, wie der Besitz zustande gekommen ist. Hinzugewonnenes Geld erhöht das Glück, *verliert* man aber dieselbe Summe, dann ist der Einfluss auf das Glück stärker (und natürlich negativ).

Wie bei allen Ökonomen des 18. und 19. Jahrhunderts ist die Quelle solcher psychologischer Einsichten die Introspektion, bestenfalls Alltagsbeobachtung. Seit den 1980er Jahren aber zeigen auch zahlreiche Experimente, dass Bentham recht hatte. Beispielsweise schenkten die Ökonomen Jack Knetsch und Jack Sinden einigen Studenten Lotterielose und boten ihnen an, sie für zwei Dollar zurückzukaufen. Genau die Hälfte der Studenten ging auf dieses Angebot ein, die andere Hälfte wollte die Lose lieber behalten. Andere Studenten bekamen keine Lose geschenkt, konnten sie aber für zwei Dollar kaufen. Das wollte nur ein knappes Viertel aus dieser Gruppe. Offensichtlich erschien das Los also denen attraktiver, die es schon in ihrem Besitz hatten, und es fiel ihnen schwer, sich davon zu trennen. Anders formuliert: Im Durchschnitt müssen die Gefühle derer, die das Los haben und weggeben, schwerer wiegen als die Gefühle derer, die das Los bekommen. Verlust beeinflusst das Glück stärker als Gewinn.

Ein ähnliches Experiment führte Jack Knetsch zusammen mit zwei späteren Ökonomie-Nobelpreisträgern durch: mit Daniel Kahneman, einem Psychologen, der 2002 ausgezeichnet wurde, und Richard Thaler, dem Preisträger von 2017. Die drei Forscher gaben einigen Studenten eine Kaffeetasse mit Universitätslogo, die sie nach Gutdünken behalten oder verkaufen konnten. Die Teilnehmer, die den Preis der Tasse nicht kannten, sollten zu einer Vielzahl von Beträgen jeweils angeben, ob sie für diesen Preis verkaufen würden oder nicht. Andere Studenten erhielten keine Tasse, hatten aber die Möglichkeit, eine zu kaufen. Der Betrag, den die Käufer gerade noch bereit waren zu zahlen, lag im Durchschnitt bei 2,45 Dollar, die Wertschätzung der Becherbesitzer für ihr Eigentum lag aber viel höher, bei 5,50 Dollar. Besitzen wir Dinge, erscheinen sie uns allein deshalb wertvoller: Das ist ein inzwischen oft bestätigtes Phänomen und bekannt als »endowment effect« (Besitztumseffekt).

Dass Bentham intuitiv erfasste, was Ökonomen fast zweihundert Jahre später experimentell nachwiesen, half ihm, diese Frage zu beantworten: Was ist eigentlich der Schaden, den ein Dieb anrichtet?

Genauer gesagt: Was ist der volkswirtschaftliche Schaden? Das Opfer ist ärmer, aber der Dieb ist um denselben Betrag reicher. Heißt das nicht, dass bloß Einkommen innerhalb einer Volkswirtschaft umverteilt wird? Zugegeben, handelte sich um einen Einbruch, bei dem eine Scheibe eingeschlagen, ein Tresor gesprengt oder ein Wachhund vergiftet wird, dann ist klar, dass das Opfer mehr verliert, als der Dieb gewinnt. Aber Bentham war der erste Ökonom, der klar erkennen konnte, dass auch durch Taschendiebstahl ein Schaden entsteht – kein materieller Schaden für die Volkswirtschaft, aber doch ein Verlust an Glück, denn der Verlust schmerzt das Opfer mehr, als der Gewinn den Dieb erfreut.

Was also tun, damit weniger gestohlen wird? Benthams Antwort ist charakteristisch für sein ganzes Denken: Ganz offensichtlich, meinte er, wiegen beim Dieb die Freuden des Diebstahls schwerer als seine Leiden. Also muss man die Freuden verringern und die Leiden vermehren. Dies ist die Rechtfertigung dafür, Diebe zu bestrafen.

Nun handelte es sich zu Benthams Zeiten bei Gefängnissen wahrlich um Orte des Leidens: In feuchten und kalten Verließen waren die Häftlinge inkompetenten, teilweise grausamen Wärtern ausgeliefert, vegetierten schlecht ernährt und mitunter angekettet vor sich hin, kaum imstande zu der Zwangsarbeit, die ihnen auferlegt war. Das war nicht die Art von Strafe, die Bentham sich vorstellte. Wenn es schon Gefängnisse geben musste, dann sollten sie viel nützlicher sein!

Benthams jahrzehntelanger Traum von einer großen Gefängnisreform begann im Jahr 1786. Er unternahm die größte Reise seines Lebens und besuchte in Russland seinen Bruder Samuel, der damals im Dienst des Fürsten Potemkin stand (ja, eben jenes Beraters und Ex-Liebhabers von Katharina der Großen, nach dem die Potemkin'schen Dörfer benannt sind). Samuel Bentham war Ingenieur; er half Potemkin, große Territorien im Zarenreich wirtschaftlich zu erschließen und militärisch zu sichern. Als Jeremy bei ihm eintraf, beschäftigte ihn gerade der Bau von Binnenschiffen, die Baumaterial von

Potemkins Besitz im weißrussischen Kritschew über die Sosch und den Dnjepr zu Werften am Schwarzen Meer bringen sollten.

An Geld mangelte es nicht, aber die Fachkräfte, die Samuel brauchte, gab es vor Ort einfach nicht. Also ließ er Engländer kommen, die die russischen Arbeiter anlernen und beaufsichtigen sollten. Doch bald stellte sich heraus, dass unter denjenigen, die England verließen, um in Weißrussland ihr Glück zu suchen, einige problematische Charaktere waren, die selbst der Aufsicht bedurften.

Daher plante Samuel eine zentrale Aussichtsplattform, um die herum die verschiedenen Gewerke, durch Holzzäune voneinander getrennt, tortenstückartig angeordnet sein sollten. Auf der Plattform sollte sich eine Art Pavillon befinden, der von außen nicht gut einzusehen war. Diese Anlage wurde nie gebaut, weil Potemkin seinen Besitz verkaufte und Samuel für andere Aufgaben einsetzte. Jeremy aber war Feuer und Flamme und begann, Samuels Idee zu einem völlig neuartigen Gefängnis, dem »Panoptikum«, weiterzuentwickeln: kreisförmig mit einem Turm in der Mitte, von dem aus ein Inspektor alle Zellen im Blick haben konnte, ohne dass die Gefangenen – und die Wärter, die dem Inspektor unterstellt waren – wissen konnten, ob sie gerade überwacht wurden.

Das ist zunächst einmal effizient: Zwar ist es unmöglich, alle Gefangenen gleichzeitig zu beobachten, aber die sollten sich klugerweise trotzdem so verhalten, als würde jeder permanent beaufsichtigt. Vor allem aber knüpfte Bentham große Erwartungen an die Wirkung auf die Kriminellen: »Verbesserung der Moral – Erhaltung der Gesundheit – Belebung des Arbeitseifers – Verringerung der Belastungen für die Allgemeinheit (...) – und all dies durch eine simple architektonische Idee!«

Das Panoptikum war Anlass für eine Fülle von scharfsinnigen Analysen durch professionelle Bentham-Interpreten. Manche meinten, in der psychologischen Naivität Benthams, der sich schon als Herr über zahlreiche Gefängnisse wähnte, die nach seinen Vorstellungen gebaut werden und viele Häftlinge bessern sollten, ein Anzeichen für das Asperger-Syndrom zu erkennen. Andere sahen den Reformer, der die Zellen gut lüften und mit fließendem Wasser versehen wollte. Oder den kühlen Kalkulierer, der die Gefangenen nur deshalb ausreichend und gesund ernähren wollte, damit sie zu sechzehn Stunden Arbeit am Tag in der Lage waren. Oder den intelligenten Ökonomen, der den Gefängnisdirektoren Anreize setzen wollte – ihre Bezahlung sollte davon abhängen, wie viele Sträflinge die Haft überleben.

Man kann das Skurrile herauspicken, etwa Benthams Idee, dass in dem Wachturm nicht nur der Inspektor wohnen sollte, sondern auch seine Familie, denn Frau und Kinder würden ja sonst nutzlos aus dem Fenster schauen, während das im Wachturm einen produktiven Sinn hätte. Oder man kann Bentham zum Bannerträger einer philosophischen Rechtfertigung des überwachenden und strafenden Staates machen. Die undurchdringliche Menge von Literatur zum Panoptikum verstellt uns den Blick auf den Menschen Bentham; an anderen Stellen seiner Biografie sehen wir ihn wieder deutlicher.

Bentham liebte Tiere, genauer: alles, was vier Beine hat, und das schloss die Mäuse ein, die er unbehelligt durch sein Arbeitszimmer tanzen ließ. Allerdings hielt er sich auch The Reverend Sir John Langbourne und – ohne dass die Namen überliefert wären – weitere Katzen, ein Umstand, der, wie sein Biograf Leslie Stephen bemerkte, schwer mit dem Prinzip vom größten Glück der größten Zahl in Einklang zu bringen war. Einen wichtigeren Grundgedanken des Utilitarismus aber wandte Bentham in der Tat auf Tiere an: Da sie Glück und Leid empfänden, sei es wichtig, wie gut es ihnen gehe.

Einer der bekanntesten utilitaristischen Philosophen unserer Zeit, Yew-Kwang Ng, führt Benthams Gedanken zum Tierschutz weiter, wenn er nach einer Antwort auf die Frage sucht, ob Fleischkonsum moralisch zu vertreten ist. Würden wir Hühner, Schweine und Rinder nicht essen, dann gäbe es die meisten von ihnen einfach nicht, denn nur wenige Menschen kämen auf die Idee, ein Angusrind bis zu seinem Tod durch Altersschwäche als Haustier zu halten. Ist es nun gut, dass es die vielen Nutztiere gibt, die wir schließlich schlachten und essen? Wenn wir von Gesundheits- und Umweltproblemen absehen, dann hängt das, meint Ng, davon ab, ob das Glück der Tiere während ihrer Lebenszeit ihr Leid überwiegt. Schlachtvieh zu halten ist aus utilitaristischer Sicht vertretbar, wenn es den Tieren gut geht, bevor wir sie essen.

Nun könnte man auch argumentieren, Tiere hätten »natürliche Rechte«, aber das hielt Bentham, ob es nun Tiere oder Menschen betraf, für »Unsinn auf Stelzen«. Rechte waren für ihn nie naturgegeben, alle Regeln hatten nützlich zu sein, alle Rechte waren damit zu begründen, dass sie Glück mehren und Leid mindern konnten. Ein Beispiel sind Benthams Argumente für das Frauenwahlrecht: Männer kennen manche Leiden von Frauen nicht (etwa die Mühen der Schwangerschaft und Geburtsschmerzen), so dass ihnen das Urteilsvermögen in Fragen fehlt, die Frauen betreffen. Oder sie haben gar Interessen, die denen der Frauen entgegengesetzt sind, zumindest gilt das für die Männer, die Freude daran haben, ihre Frauen zu schlagen. Es ist daher gut, wenn Frauen ihre Interessen selbst vertreten.

Und so argumentiert Bentham auch gegen den Kolonialismus, den er nicht etwa ablehnte, weil die Völker in den Kolonien ein natürliches Recht auf Unabhängigkeit hätten, sondern weil sie besser als die Kolonialherren in der Lage seien, ihre eigenen Interessen zu erkennen und ihr Glück zu mehren. Er war gegen die Bestrafung von Homosexuellen, denen ihre Handlungen ja offensichtlich Freude bereiteten, während sie niemandem schadeten. Er war gegen die Todesstrafe, für Bankenregulierung, für Pressefreiheit, für eine aktive Rolle des Staates im Bildungs- und Gesundheitswesen und schlug einen internationalen Gerichtshof vor.

Oft versuchte er, es nicht bei der Theorie zu belassen, sondern die Politik direkt zu beeinflussen. So bot er sich dem vierten US-Präsidenten James Madison ebenso als Autor fortschrittlicher Gesetzeswerke an wie dem russischen Zaren Alexander I.; Portugal schließlich zeigte sich interessiert, aber dort war, als er sein Werk endlich fertig hatte, die liberale Revolution schon wieder Geschichte.

Mehr Erfolg sollte einer seiner letzten Initiativen beschieden sein. In den 1820er Jahren wurden im Vereinigten Königreich pro Jahr etwa 75 Verbrecher hingerichtet – viel zu wenig für die Ausbildung der Ärzte. Die Institute kauften die meisten Leichen den finsteren »Auferstehungsmännern« ab und stellten keine Fragen, denn sie ahnten ja doch, dass ihnen frisch Beerdigte geliefert wurden, die man nachts ausgegraben hatte. Die Angehörigen wussten davon natürlich nichts, allenfalls die bestochenen Friedhofswärter.

1826 schickte Bentham dem britischen Innenminister einen Gesetzentwurf, der an die aktuelle Diskussion über Organspenden erinnert. Heute schlagen einige Ökonomen vor, das Ausfüllen eines Spenderausweises so zu belohnen: Wer bereit ist, postmortal zu spenden, der soll bevorzugt werden, falls er selbst eine Organspende benötigt. Bentham meinte, in Krankenhäusern sollten nur Patienten behandelt werden, die einverstanden waren, sich im Todesfall sezieren zu lassen. Er vergaß nicht, bei der Gelegenheit sein eigenes Testament zu erwähnen:

Wie gering auch die Dienste gewesen sein mögen, die meine Kräfte mir erlaubten, der Menschheit zu meinen Lebzeiten zu leisten, so bleibe ich doch nach meinem Tode nicht völlig nutzlos.

Der Minister antwortete höflich, zog es allerdings vor, nicht an dem Tabu zu rühren und eine öffentliche Diskussion zu vermeiden.

Doch damit blieben Leichen knapp, und 1828 kamen zwei besonders durchtriebene Gesellen in Edinburgh, William Burke und William Hare, auf die Idee, sich das Bestechungsgeld und das mühevolle Graben zu sparen. Sie töteten sechzehn Menschen, bevor sie aufflogen und selbst auf dem Seziertisch landeten (Burkes Skelett wird bis heute im Anatomischen Museum der Edinburgh Medical School aufbewahrt). Dies und einige Nachahmer, die nun ebenfalls »Burking« betrieben, erhöhten die Bereitschaft, auf Benthams Gesetzentwurf zurückzukommen, unterstützt von einflussreichen Bentham-Anhängern im Parlament. Die Einverständniserklärung von Krankenhauspatienten fiel allerdings unter den Tisch; der »Anatomy Act« erlaubte das Sezieren von Leichen aus Armenhäusern, auf die Angehörige, die ein Begräbnis hätten bezahlen können, binnen 48 Stunden nach dem Tod keinen Anspruch erhoben.

Wenige Wochen bevor dieses Gesetz in Kraft trat, starb Bentham im Alter von 84 Jahren. Zwei Tage später, am 8. Juni 1832, erhielten Freunde und ausgewählte Bentham-Bewunderer die Einladung zu seiner Leichenöffnung, vorgenommen und von einem Vortrag begleitet durch seinen Freund Dr. Thomas Southwood Smith. Jeder der Eingeladenen durfte zwei weitere Personen mitbringen.

Gut möglich, dass sich Benthams Freunde zum ersten Mal begegneten, denn Bentham pflegte sie nur einzeln zu empfangen. Dabei war er ausgesprochen wählerisch – als die berühmte Madame de Staël England besuchte, ließ sie ihm ausrichten, sie werde niemanden aufsuchen, solange sie nicht Bentham getroffen habe. Er bedaure, ließ Bentham antworten, in dem Fall würde sie eben niemanden treffen.

Die Leiche zu sezieren war nicht die einzige Aufgabe, die Dr. Southwood Smith zu erledigen hatte. Bentham hatte sein Testament um einen wichtigen Punkt erweitert: Das Skelett sollte mit Benthams ausgestopftem Sonntagsanzug bekleidet auf einen Stuhl gesetzt werden; darauf war der vorher vom Leib getrennte und mumifizierte Kopf zu setzen. Bentham hatte das lange vorbereitet: Er hatte seinen Ofen für Mumifizierungs-Experimente zur Verfügung gestellt, und die letzten zwanzig Jahre seines Lebens trug er die Glasaugen mit sich herum, die in seinen getrockneten Kopf eingesetzt werden sollten.

In einem nachgelassenen Manuskript, das erst 1995 veröffentlicht wurde, wirbt Bentham für die allgemeine Übernahme dieses Verfahrens: den Körper sinnvollen Verwertungen zu überlassen, aus dem Kopf dagegen eine »Auto-Ikone« zu machen, ein Wort, das Bentham erfunden hatte: So wie der Autor in der Autobiografie sein eigenes Leben beschreibt, so sei die Auto-Ikone »ein Mensch, der sein eigenes Ebenbild ist«. Wohin aber mit den Köpfen? Er erwähnt die platzsparende Anhäufung von Kanonenkugeln in Munitionsarsenalen, spricht sich dann jedoch gegen diese Pyramidenform aus, da man so nur einen Teil der Auto-Ikonen sehen könne, im Gegensatz zu einer Unterbringung in Wandregalen, oder sogar im Freien, wenn man sie mit einer Schicht Kopalharz vor dem Regen schützt. Wie auch immer, anstelle von Gräbern könnten die Hinterbliebenen dann die Auto-Ikonen besuchen. Die Gelehrten sind sich nicht einig, ob es sich bei dieser Schrift um eine Satire handelt oder nicht.

Benthams letzter Wille jedenfalls wurde getreulich erfüllt. Die Knochen sind mit Kupferdraht verbunden, mit Stroh und diversen anderen Materialien umhüllt, zum Schutz vor Ungeziefer dienten Lavendel und Naphthalin. Wunschgemäß behielt Bentham auch seinen Spazierstock »Dapple« (nicht der einzige Gegenstand, den Bentham liebevoll benannte, von seiner Teekanne ist überliefert, dass er sie »Dickey« taufte). Dr. Southwood Smith war ein seriöser Arzt, aber ein stümperhafter Konservator. Mit einer durch Schwefelsäure verstümmelten Nase, viel zu schnell mit einer Luftpumpe dehydriert und erbärmlich geschrumpft, hatte der Kopf jede Ähnlichkeit mit Bentham verloren – bevor ich ein Foto davon in Vorlesungen zeige, gebe ich zarten Gemütern die Gelegenheit, sich die Hand vor die Augen zu halten (was natürlich keiner macht). Schon bald wurde ein ansehnlicher Wachskopf auf den Körper gesetzt.

Benthams Schädel aber diente 72 Jahre nach seinem Tod noch einmal der Wissenschaft: Der Statistiker Karl Pearson und seine Mitarbeiterin Marie A. Lewenz begründeten 1904 ausführlich, warum an der Vermutung, zwischen Intelligenz und Schädelvolumen bestehe ein Zusammenhang, nichts dran ist. Sie stützen sich auf umfangreiche Datensammlungen, aber um der Anschaulichkeit willen stellen sie Bentham als prominenten Fall besonders heraus. Sie berichten detailliert über Benthams Schädel, der sich als ziemlich durchschnittlich entpuppte.

1992 besuchte Bentham Deutschland. Er war Teil der Ausstellung »Metropole London. Macht und Glanz einer Weltstadt 1800–1840«, unter der Schirmherrschaft von Königin Elizabeth II. Zu den anderen 704 Exponaten, die in Essen zu sehen waren, gehörten die Galionsfigur der H. M. S. London, einige Modelle der ersten Dampfmaschinen und Lokomotiven, ein Modell der ersten Rechenmaschine von Charles Babbage, ein mechanischer Schrittzähler für Pferde sowie eine Medaille, die an das Ende der Sklaverei in den britischen Kolonien 1834 erinnerte.

Damals lag Benthams mumifizierter Kopf noch zwischen seinen Füßen. Danach wurde er eine Zeitlang separat in einer Kiste aufbewahrt, die kürzlich für eine DNA-Analyse geöffnet wurde. (Hatte er wirklich Asperger? Das Ergebnis steht noch aus.) Eine Journalistin beschrieb den Geruch des Kopfes als Mischung aus Essig, Füßen, verdorbenem Trockenfleisch und feuchtem Staub.

Lists letzter ökonomischer Triumph
FRIEDRICH LIST (1789-1846)

GEGENWÄRTIGE:

Herr Landgerichtsarzt Dr. Wieser
Herr Dr. Pfretschner
Chirurg Engelhart

BEISITZER:

Josef Walter und Peter Schürle

Nachdem sich die Kommission versammelt hatte, wurde der Kadaver mit aller Vorsicht entkleidet, auf das Sektionsbrett gelegt und dann vorgenommen folgender

GERICHTLICHER LEICHENBESCHAU

Die Leiche ist aufgedunsen und von Kälte etwas erstarrt, jedoch ohne gefroren zu sein. Sämtliche Gelenke der Gliedmaßen sind steif, am Rücken an den Seiten der Brust und an den äußern Flächen der Arme zeigen sich rotblaue Totenflecke. Der Körper des Verunglückten mißt fünf Schuh und vier Zoll, ist fett, die Statur gedrungen, die Schultern breit, der Hals ist

kurz. Der Schädel ist voluminös, die Stirne ist hoch und gewölbt, die Physio-
gnomie, so viel man jetzt noch erkennen kann, geistreich und ausdrucks-
voll, die Regenbogenhaut der Augen ist lichtbraun, die Haare sind schütter,
lichtbraun mit einigen grauen untermischt, der Backenbart ist auffal-
lend grau, der Schnurrbart jedoch rötlich. An der Mitte des Scheitels, an
welcher Stelle das Haupt von Haaren entblößt ist, ist eine dreischenklige
gerissene Wunde, deren Ränder nach außen gewendet sind; zwei Schen-
kel dieser Wunde sind ¾ Zoll lang, der dritte, nach vorne gerichtet, be-
mißt ½ Zoll. – Die Finger der linken Hand sind um den Lauf der Pistole
krampfhaft zusammengedrückt, so daß letztere nur mit Mühe losgewun-
den werden kann.

GUTACHTEN

die auffallende Schädelbildung, der pathologische Zustand der Leber und
der Milz, die ungeheure, den Kreislauf notwendig störende Ansammlung
von verdichtetem Fett im Innern der Bauchhöhle und des Thorax tun dar,
daß eine offenbare Anlage zu Geisteskrankheiten, namentlich zur Schwer-
mut vorhanden gewesen sei.

Im letzten Absatz dieses Sektionsbefundes spiegelt sich erstens das
medizinische Wissen des Jahres 1846 und zweitens hört es sich nicht
gerade nach einer Nettigkeit dem Toten gegenüber an, auch wenn es
durchaus so gemeint ist. Denn Selbstmördern stand eigentlich kein
christliches Begräbnis zu. Aber, wie das kaiserlich-königliche Landgericht Kufstein an das fürstbischöfliche Pfarramt schrieb: »Aus dem
Sektionsbefunde geht hervor, daß das obgenannte Individuum an
einem solchen Grade von Melancholie gelitten habe, daß ein freies
Denken und Handeln unmöglich war und daß er somit nicht als
Selbstmörder zu betrachten sei. Es wird nun ersucht, den Kadaver
dieses Herrn morgen auf die gewöhnliche Art auf dem Gottesacker
beerdigen zu lassen.«

Und so geschah es. Allen Beteiligten mag beim Gedanken, dass der Tote anonym außerhalb der Friedhofsmauern verscharrt werden könnte, mulmig gewesen sein angesichts seiner Prominenz: Der »Totgefundene«, so hatte das Landgericht festgestellt, sei »unzweifelhaft der sehr bekannte deutsche Patriot Friedrich List von Augsburg«. Hinter dem Gutachten der Ärzte und dem guten Willen des Landgerichts steckte eine Vorahnung des Nachruhms von Friedrich List. Diesen Nachruhm gibt es zweifellos: 25 Schulen, 114 Straßen und drei Plätze sind in Deutschland nach List benannt, außerdem eine Straße in Reading (Pennsylvania), wir werden noch sehen warum.

Schwermut, von den Ärzten gutmütig dem Leichnam angesehen, ist auch nicht die einzige mögliche Ursache dafür, dass List sich erschoss. Und das Leben eines Melancholikers hatte er ohnehin nicht geführt, ganz im Gegenteil.

Geboren wurde er 1789, im Jahr der Französischen Revolution, wie kein Biograf zu bemerken vergisst. Schon nach dem Abgang vom Lyzeum im Alter von fünfzehn Jahren brachte er die Kraft auf, den einfachen Weg abzulehnen und nicht Weißgerber im väterlichen Handwerksbetrieb zu werden. Lists Vater war ein angesehener Bürger, der einige Ehrenämter in der Stadt Reutlingen bekleidete und es bis zum Vizebürgermeister brachte; die Weißgerber belieferten mit ihrem feinen Leder nicht die Sattler und Schuster, sondern die Buchbinder und Handschuhmacher, und keinesfalls nutzten sie Urin zum Enthaaren. Aber auch sie hatten die stinkenden Fleisch- und Fettreste von den gründlich in Wasser eingeweichten Tierhäuten zu schaben, und wer weiß, ob Friedrich List, wenn er es wirklich gewollt und mit mehr Fleiß versucht hätte, sich geschickter hätte anstellen können bei seinen ersten Versuchen im Handwerk. Jedenfalls begann er mit sechzehn eine Ausbildung in einem Bereich, der ihn wirklich interessierte, in der Staatsverwaltung.

List lernte rasch, kam auf der mittleren Beamtenlaufbahn als »Schreiber« so schnell voran, wie es ging, und als er für eine Prüfung bloß das erforderliche Mindestalter noch nicht erreicht hatte, überbrückte er die Zeit als Gasthörer einiger juristischer Vorlesungen an der Universität Tübingen. Er hatte erlebt, wie die Verwaltung das Land lähmte: Die Schreiber waren mächtig, und sie wurden nach der Zahl der Seiten bezahlt, die sie schrieben – ein frühes Beispiel dafür, wie vermeintliche Leistungsanreize nach hinten losgehen, denn die Beamten blähten die Vorgänge mächtig auf. List warb für Reformen und für eine bessere Ausbildung der Beamten. Aber nicht einmal die Universität bot alles, was ihm dafür nötig erschien. Lists Bemühungen mündeten in die Einrichtung einer neuen staatswissenschaftlichen Fakultät; wenig später schlug er sich selbst als einen der fünf Professoren dieser Fakultät vor. Mit Erfolg. Für die Ernennung bedankte sich der gerade 28-Jährige gehörig beim Württembergischen König:

Tief gerührt durch diese große Gnade wage ich es, Eurer Königlichen Majestät die alleruntertänigste Versicherung zu Füßen zu legen, daß mein Dankgefühl gegen Allerhöchstselbigen der tiefen Verehrung gleichkommt, womit ich gegen den besten Vater des Vaterlandes durchdrungen bin.

Geruhen Eure Königliche Majestät, die aufrichtige Versicherung aufzunehmen, daß mein Bestreben, auf dieser Stelle Gutes zu wirken, nicht geringer sein wird, als gegenwärtig meine Besorgnis ist, ob meine schwachen Kräfte reichen werden, das allerhöchste Vertrauen in vollem Maß zu rechtfertigen und die Hindernisse zu bekämpfen, welche jeder guten Sache entgegenstehen. Ich ersterbe in tiefster Ehrerbietung
Euer Königlichen Majestät
alleruntertänigster treu gehorsamster
F. List, Professor

Lists Dankbarkeit war echt – er hatte unbedingt Professor werden wollen. Dafür nahm er sogar in Kauf, schlechter bezahlt zu werden als zuvor in der Verwaltung. Auch sonst hatte es der junge Professor List nicht leicht. Er hatte kein abgeschlossenes Studium, nicht einmal einen Schulabschluss, der zum Studium berechtigt hätte, geschweige denn eine Promotion; der Senat der Universität, der an der Berufung de facto nicht beteiligt war, sah in ihm einen *homo illiteratus*. Er hatte noch nie vor Publikum gesprochen, und besonders schwer fiel ihm die öffentliche Antrittsvorlesung, denn sie war auf Latein zu halten, eine Sprache, von der List als mittelmäßiger Schüler zweifellos gehofft hatte, sie würde in seinem Leben keine Rolle mehr spielen. Und die Studenten witterten einen »Ministerknecht«, nicht ahnend, dass sie von einem künftigen politischen Gefangenen des Königreichs sprachen.

Der Professor der Staatsverwaltungspraxis hielt es für seine Pflicht, sich nicht nur über Verwaltungsreform, sondern auch über die Verfassung Gedanken zu machen. Er hatte nichts Revolutionäres im Sinn, sondern eine konstitutionelle Monarchie, aber er trat doch einer Reihe von Leuten auf die Füße, und die sahen bald die Chance, List einer Pflichtverletzung zu beschuldigen. List hatte nämlich nach der lähmenden Staatsverwaltung ein weiteres ökonomisches Problem entdeckt, dem er mit Leidenschaft entgegenzutreten bereit war, und zwar die Zollgrenzen, die Deutschland durchzogen.

Württemberg hatte gerade einmal 1,4 Millionen Einwohner, von den 39 Mitgliedsstaaten des Deutschen Bundes waren nur drei größer, nämlich Bayern, Preußen und Österreich; die Herzog- und Fürstentümer erreichten allenfalls sechsstellige Einwohnerzahlen, das Fürstentum Hohenzollern-Hechingen bloß zwanzigtausend. Man darf sich das Verhältnis zwischen diesen Staaten nicht wie das zwischen den deutschen Bundesländern heute vorstellen. Als List eine Frau im benachbarten Baden heiraten wollte, musste er den Württembergischen König um die Erlaubnis für eine Heirat im Ausland ersuchen. Und dann gab es da die Zölle, die den Warenaustausch über die Grenzen der kleinen Staaten hinweg hemmten.

Ohne königliche Erlaubnis nutzte er die Ostermesse 1819 in Frankfurt am Main, also wohlgemerkt im Ausland, um mit einigen Kaufleuten den Deutschen Handels- und Gewerbeverein zu gründen. List wurde zum Geschäftsführer gewählt. Wortgewaltig formulierte er die Bittschrift des Vereins an die Bundesversammlung. Darin heißt es zum Beispiel: »Um von Hamburg nach Österreich, von Berlin in die Schweiz zu handeln, hat man zehn Staaten zu durchschneiden, zehn Zoll- und Mautordnungen zu studieren, zehnmal Durchgangszoll zu bezahlen. Wer aber das Unglück hat, auf einer Grenze zu wohnen, wo drei oder vier Staaten zusammenstoßen, der verlebt sein ganzes Leben mitten unter feindlich gesinnten Zöllnern und Mautnern; der hat kein Vaterland.«

Die Aktivitäten im Handels- und Gewerbeverein kosteten List die Professur; er kam dem Rauswurf durch Rücktritt zuvor. Mundtot war er damit nicht. Als Politiker – die Reutlinger hatten ihn 1820 in den Württembergischen Landtag gewählt – bekam er mit, was die Wähler in seiner Heimatstadt bedrückte. 1821 fasste er das mit einigem Furor in einer Petition zusammen: »Eine von dem Volk ausgeschiedene, über das ganze Land ausgegossene, in den Ministerien sich konzentrierende Beamtenwelt, unbekannt mit den Bedürfnissen des Volkes und den Verhältnissen des bürgerlichen Lebens, in endlosem Formenwesen kreisend, behauptet das Monopol der öffentlichen Verwaltung, jeder Einwirkung des Bürgers, gleich als wäre sie staatsgefährlich, entgegenkämpfend, ihre Formenlehren und Kastenvorteile zur höchsten Staatsweisheit erhebend, eng unter sich verbündet durch die Bande der Verwandtschaft, der Interessen, gleicher Erziehung und gleicher Vorurteile. Wo man hinsieht, nichts als Räte, Beamte, Kanzleien, Amtsgehilfen, Schreiber, Registraturen, Aktenkapseln, Amtsuniformen, Wohlleben und Luxus der Angestellten bis zum Diener herab.«

Die Schimpftirade ging noch eine Weile so weiter, dann folgten vierzig Vorschläge zur Reform der Gemeindeverwaltung. Dass List dafür den Landtag als Plattform haben sollte, passte der Regierung gar nicht, sie bearbeitete die Abgeordneten, bis eine Mehrheit Friedrich List ausschloss. Damit nicht genug – es fand sich ein Richter, der urteilte, List habe das Pressegesetz verletzt, denn List hatte die Petition in einer Druckerei vervielfältigen lassen und war von einem Drucker, der sich eine Belohnung erhoffte, angezeigt worden. Ferner beleidige die Petition Beamte, Richter und auch den König. Mit zehn Monaten Festungshaft sollte das alles gesühnt werden. Der Verurteilte floh aus Württemberg, aber er scheiterte mit seinen Versuchen, in Straßburg und der Schweiz eine bürgerliche Existenz aufzubauen oder wenigstens wieder Professor zu werden.

1824, gut zwei Jahre nach seiner Flucht, kehrte List freiwillig nach Württemberg zurück. Er hoffte, dass dies den König gnädig stimmen würde, aber er hatte umgehend seine Strafe in der Festung Hohenasperg anzutreten. Nach fünf Monaten wurde er vorzeitig entlassen, musste aber zusagen, die württembergische Staatsbürgerschaft aufzugeben. Diesmal wählte er ein Exil in Übersee: die Vereinigten Staaten von Amerika, ein junges, kaum fünfzig Jahre unabhängiges Land. »Auf! Heraus aus dem alten Quark 500jähriger Verruchtheit in die Neue Welt«, notierte er. Ohne die Jahre in den USA würden vielleicht ein paar verstreute Württemberger Regionalgeschichtler noch den Namen List kennen, aber gewiss kein einziger Ökonom. Dabei fing List dort denkbar unakademisch und unpolitisch an: Er kaufte eine Farm und zwölf Kühe. Kein Jahr hielt er durch; viel Kapital bräuchte man, klagte er, um von der Landwirtschaft leben zu können, oder man müsse an harte Arbeit gewöhnt sein. Aber er hatte Glück, im August 1826 konnte er die Redaktionsleitung des *Readinger Adler* übernehmen, einer deutschsprachigen Wochenzeitung mit 2500 Abonnenten.

Diese ordentlich bezahlte Tätigkeit füllte List bald nicht mehr aus. Ein neuer Kanal, der die Blue Mountains mit Reading und Philadelphia verband, weckte seine unternehmerische Phantasie. Er entdeckte eine neue Kohle-Lagerstätte und konnte das Land günstig erwerben. Aber wie sollte die Kohle zum Kanal transportiert werden? List und sein Kompagnon sammelten genug Kapital, um mit der Little Schuylkill Navigation, Railroad and Coal Company eine der ersten Eisenbahnstrecken in den USA bauen zu können.

Der zeitweilige Erfolg als Unternehmer hielt ihn nicht davon ab, weiter publizistisch aktiv zu sein. Er schrieb über wirtschaftspolitische Fragen und plante ein Lehrbuch, *The American Economist*. Daraus wurde zunächst nichts, aber immerhin hatte er reichlich Material, auf das er zehn Jahre später, beim zweiten Anlauf zu einem Buch, zurückgreifen konnte. Er mischte sich auch in den amerikanischen Wahlkampf ein und unterstützte 1828 den demokratischen Präsidentschaftskandidaten Andrew Jackson. Die Stimmen der deutschen Einwanderer trugen zu dessen Wahl bei, und Jackson sollte bald Gelegenheit haben, sich zu revanchieren. Denn nach fünf Jahren in Amerika packte List das Heimweh. Jackson war bereit, ihm zu einem Posten als Konsul in einem der deutschen Staaten zu verhelfen.

Dass er nun als amerikanischer Staatsbürger und Repräsentant nach Deutschland zurückkehrte, hinderte seine alten Gegner aus Württemberg nicht daran, ihm Knüppel zwischen die Beine zu werfen: Sie erreichten, dass der Hamburger Senat ihn als Konsul ablehnte. Die Sachsen aber waren durch Märchen über den gefürchteten Liberalen weniger leicht zu beeindrucken, List wurde schließlich zum amerikanischen Konsul im Königreich Sachsen ernannt. Ein Gehalt wurde ihm dafür nicht gezahlt, doch List hatte schon einen Plan, wie er seinem deutschen Vaterland etwas Gutes tun und gleichzeitig Geld verdienen konnte.

Was die Zollgrenzen betraf, war Deutschland schon auf einem guten Weg, ab 1834 sollte dafür der Deutsche Zollverein sorgen. Aber etwas fehlte noch, um die Staaten wirklich zusammenrücken zu lassen und den innerdeutschen Handel zu fördern: eine gute Infrastruktur.

»Der Staat Pennsylvanien hat im Verlaufe der verflossenen acht Jahre nicht weniger als 30 Millionen Taler Schulden gemacht, um Kanäle und Eisenbahnen anzulegen, und er hält sich darum nicht für ärmer, sondern für reicher«, schrieb List. Und so trommelte er nun für Eisenbahnlinien wie die zwischen seinem Wohnort Leipzig und Dresden. Die wurde im April 1837 eröffnet, aber seine Hoffnungen auf einen Direktorenposten zerschlugen sich, es blieb bei einer einmaligen Vergütung und einem vergoldeten Silberpokal, den ihm Leipziger Kaufleute stifteten. So zieht er 1838 mit seiner Familie nach Paris, verdient sein Geld als Journalist, versucht ein französisches Eisenbahnnetz zu initiieren und findet Zeit, endlich sein großes Buch zu schreiben: *Das nationale System der politischen Ökonomie.*

Wenn dieses Buch immer noch gelegentlich zitiert wird, dann weil List darin eine protektionistische Handelspolitik fordert, eine Politik, die junge heimische Industrien gegen übermächtige ausländische Konkurrenz schützt. Das macht List heute in Ländern wie China ausgesprochen populär. Aber wie passen Lists Forderungen zu seinem alten Kampf gegen die Zollgrenzen, die Deutschland durchschnitten? Die Antwort darauf ist, dass List den Freihandel zwischen solchen Ländern will, die ungefähr gleich entwickelt sind. Dann ist es gut für alle, wenn sie sich spezialisieren und unbehindert miteinander handeln. In seiner typischen Art beschrieb List das Beispiel dreier Regionen, von denen jede ein Gut herstellt und die durch Zölle nicht gehindert werden sollten, sie miteinander zu tauschen: »Hier ist Kornland, dort wächst nichts als Holz, in jenem Tale kann man nur Wein mit Erfolg pflanzen. Sehen Sie sich um, mein Freund, in Ihrer nächsten Umgebung und beantworten Sie mir dann die Frage: ob Gewinn zu hoffen wäre, wenn die Leute in der Korngegend sich verabreden würden, dem Weinländer seinen Wein und dem Waldeigentümer sein Holz liegen zu lassen? Die ganz natürliche Folge hiervon wäre die, daß ein Teil des Kornlands zu Wald und Weinberg, ein Teil der Waldungen und Weinberge aber zu Kornland umgeschaffen würde, der Natur zum Trotz und zum höchsten Schaden einer jeden Gegend.«

Doch dieses Argument ist zu einfach in einer dynamischen Welt, in der nicht unverrückbar feststeht, in welchem Land welche Güter produziert werden können. Denn wie kann sich in einem Agrarland eine Industrie entwickeln, wenn die Unternehmer stets gezwungen sind, nur das zu produzieren, was sie gerade am besten können? Sollte auf ewig die Hälfte der europäischen Industrieproduktion auf England entfallen wie in der Mitte des 19. Jahrhunderts? Das wäre nach Lists Überzeugung nur zu ändern, wenn junge Industrien durch einen Zoll geschützt werden; »Erziehungszoll« nennt man das heute. Das war keine ganz neue Idee; sie geht auf Alexander Hamilton zurück, den ersten Finanzminister der Vereinigten Staaten. Das war damals – wie Deutschland – ein Land, dessen Industrie es schwer hatte gegen die übermächtige englische Konkurrenz. Was die USA exportierten, waren die Produkte eines Entwicklungslandes: Baumwolle und Tabak. 1791 prägte Hamilton den Begriff »infant industry« für jene Wirtschaftszweige, die dagegen noch des Schutzes bedürfen. List erweiterte diese Idee um eine historische Analyse, in der er ausführlich beschreibt, wie viele Nationen ihre erfolgreichen Wirtschaftszweige zunächst unter dem Schutz von Zöllen entwickelten. Wenn dieselben Länder nun für Freihandel eintreten, so List, dann verwehren sie den weniger entwickelten Staaten den Weg, den sie selbst erfolgreich gegangen sind.

»Es ist eine gemeine Klugheitsregel«, schrieb er, »dass man, auf dem Gipfel der Größe gelangt, die Leiter, vermittelst welcher man ihn erklommen, hinter sich werfe, um andern die Mittel zu benehmen, uns nachzuklimmen.« England warf er vor, genau das getan zu haben: erst Schifffahrt und Industrie zu schützen und zu fördern, und dann andere Nationen, die zur erfolgreichen Konkurrenz gar nicht in der Lage sind, zum unbeschränkten Freihandel aufzufordern.

Allerdings sollten die List'schen Erziehungszölle immer nur für eine begrenzte Zeit gelten. Hat sich dann, vom Zoll geschützt, eine Industrie entwickelt, dann hat der Handel zum Beispiel zwischen den USA und England ebensolche Vorteile wie der zwischen Bayern und Württemberg. Aber natürlich ist es für Politiker schwierig, einen Zoll, der eine bestimmte Branche schützt, wieder abzuschaffen und zu sagen: So, nun seid ihr aber fit für den internationalen Wettbewerb. Das Getrommel von Verbänden und Firmenlobbyisten, das Politiker auslösen, wenn sie einen speziellen Zoll abschaffen wollen, ist das wichtigste Argument der Gegner von Erziehungszöllen. Joseph Stiglitz, Globalisierungskritiker und Nobelpreisträger, schlägt daher vor, Erziehungszölle nicht für einzelne Branchen einzuführen, sondern für alle Industriegüter gleichermaßen. Davon abgesehen steht er in der Tradition Lists; er erweitert die Liste der Länder, die mit Erziehungszöllen erfolgreich waren, um Beispiele aus dem 20. Jahrhundert, etwa Korea mit seiner Stahlindustrie. Und Japan natürlich, ein Land, in dem in den 1960er Jahren List populär gewesen sei und die Industrie geschützt wurde, während es jetzt die Entwicklungsleiter erklommen habe und sie wegstoßen wolle, damit andere nicht hinterherklettern können. Dass er dieses Bild aufgreift, ist eine sicher ganz bewusste Reverenz von Stiglitz an List.

Das Buch bringt List einige Anerkennung und auch einigen Verkaufserfolg, noch zu Lebzeiten erscheinen eine zweite und dritte Auflage, ansonsten bleibt ihm wirtschaftliches Glück versagt. Eine gut dotierte Festanstellung bei der französischen Eisenbahn lehnt er ab, weil er einen Loyalitätskonflikt für den Fall eines Krieges zwischen Deutschland und Frankreich fürchtet. 1841 bietet man ihm einen Posten als Redakteur der *Rheinischen Zeitung* in Köln an. List war ganz offensichtlich ein qualifizierter Kandidat, mit einer langen Liste von Zeitungen und Zeitschriften, die er gegründet, herausgegeben oder verantwortlich geleitet hatte: Das *Württembergische Archiv*, den *Volksfreund aus Schwaben*, die *Neckar-Zeitung*, das *Organ für den deutschen Handels- und Fabrikantenstand*, die *Europäischen Blätter, oder das Interessanteste aus Literatur und Leben für die gebildete Lesewelt*, den *Readinger Adler*, das *National-Magazin für Haus- und*

Landwirtschaft, National-Unterricht, Statistik und Reisen, neue Erfin-
dungen, National-Unternehmungen und Verbreitung nützlicher Kennt-
nisse, das *Eisenbahn-Journal* und schließlich das *Zollvereinsblatt,* für
das zunächst ein anderer Titel in Betracht gezogen wurde, nämlich
Lists deutsches Centralmagazin zur Förderung sämtlicher materieller In-
teressen Deutschlands und insbesondere des natürlichen Systems der poli-
tischen Ökonomie.

Doch kurz bevor das Angebot der *Rheinischen Zeitung* eintraf, hatte sich List ein Bein gebrochen, und er fühlte sich daher nicht in der
Lage, es anzunehmen. Die historische Bedeutung dieser Absage war
enorm, denn nun erhielt ein gewisser Karl Marx den Posten, und wenig später tauchte Friedrich Engels im Redaktionsbüro auf, der ein
paar Artikel aus England schicken wollte. Es war das erste Treffen der
beiden; niemand weiß, was aus Marx ohne die finanzielle Unterstützung seines vermögenden Freundes Engels geworden wäre. Und was
wurde aus List?

Im November 1846 war List mit einem Pass unterwegs, der ihn
berechtigte, »seines Vergnügens wegen die k. k. österreichischen Staaten, Schweiz, Italien und Sardinien« zu bereisen. Der erste Abschnitt
seiner Reise von Augsburg nach München kostete ihn nichts, denn
auf dieser Eisenbahnstrecke fuhr er in Anerkennung seiner Verdiens-
te lebenslang kostenlos. In Kufstein an der bayerisch-österreichischen
Grenze übernachtete er im Gasthaus Zum Goldenen Löwen, betrieben vom Bürgermeister Suppenmoser, der später zu Protokoll gab,
List habe Italien als Reiseziel und Erholung als Zweck seiner Reise
genannt.

List war es gewohnt, sein Leben in die Hand zu nehmen. Und was
hatte er nicht alles geschafft. Nicht Handwerker zu werden, sondern
Beamter. Die Beamtenlaufbahn zu verlassen zugunsten einer Professur. Sich nicht mundtot machen zu lassen, sondern immer weiter zu
schreiben. Im Exil vom Landwirt zum Unternehmer aufzusteigen
und in der Politik des Gastlandes Gehör zu finden. Die USA wieder

zu verlassen und zurückzukehren. Den Bau der deutschen Eisenbahnen voranzutreiben. Die Sorgen und Freuden der Praxis am Schreibtisch auszublenden und ein großes Buch über die Nationalökonomie zu schreiben. Und jetzt? Wieder musste er sein Leben ändern; ein Vermögen, das seine Familie bequem hätte ernähren können, gab es nicht, aber was konnte er noch anfangen, das ihm gemäß war? Ja, es gab noch die eine Möglichkeit, wieder etwas zu tun, sogar mehr hinter sich zu lassen als je zuvor.

List brachte es nicht über sich, einen Abschiedsbrief an seine Familie zu schreiben, aber er sorgte klug für sie vor, indem er seinem Freund Gustav Kolb schrieb. Nicht dass er Kolb um etwas bat. Er schlug ihm ein Geschäft vor, ein gutes Geschäft, mit dem etwas unendlich Wertvolles um den Preis von etwas viel weniger Wertvollem zu erlangen wäre: »Gott erbarme sich meiner Angehörigen ... Was Sie und andere Freunde an den meinigen tun, wird Ihnen Gott lohnen. Leben Sie wohl. F. List«.

Wie List gehofft hatte, ergriff Gustav Kolb die Initiative. Es bildeten sich Komitees, die zur Unterstützung der Familie 20.000 Gulden sammelten, zudem bewilligte König Ludwig von Bayern den beiden ledigen Töchtern eine jährliche Rente von zweihundert Gulden, so lange zu zahlen, wie sie unversorgt, das heißt unverheiratet, waren. Der Witwe dachte der König jährlich vierhundert Gulden zu, ein Einkommen, das die meisten Lehrer im Freistaat nicht erzielten. Friedrich Lists Abschiedsbrief war sein letzter ökonomischer Triumph.

Thünen und seine Grabsteinformel
JOHANN HEINRICH VON THÜNEN (1783–1850)

Es ist Ihnen gelungen, Zierkürbisse zu züchten, die im Dunkeln leuchten, das ist ein Verkaufshit zu Halloween. Mit 1000 Kürbissen erzielen Sie einen Gewinn von 25.000 Euro – 25 Euro pro Stück! Frage: Sollten Sie, wenn Sie Ihren Gewinn erhöhen wollen, noch mehr Kürbisse anbauen?

An Ihrer Antwort kann man erkennen, ob Sie Ökonom(in) sind oder nicht. Die richtige Antwort lautet: Man weiß es nicht. Die Zahlen reichen nicht aus, um die Frage zu beantworten.

Was genau bräuchten wir dafür? Wie findet man heraus, wie viele Kürbisse Sie anbauen sollten? Den wichtigsten Beitrag zur Antwort hat ein Mann geleistet, der den größten Teil seines Lebens als Landwirt in Mecklenburg verbracht hat. Er war einer der letzten großen Autodidakten der Wirtschaftswissenschaft.

Es war Johann Heinrich von Thünen bestimmt, Landwirt zu werden wie sein Vater. Nach Besuch der Hohen Schule zu Jever absolvierte er eine landwirtschaftliche Lehre und bedauerte die Zeitverschwendung, viel mehr hätte er lernen wollen. Altgriechisch eignete er sich auf eigene Faust an, und agrarökonomische Kenntnisse erwarb er auf den modernen Landwirtschaftsschulen der Agrarreformer Albrecht Thaer in Celle und Lucas Andreas Staudinger in Groß Flottbek. Dort schrieb er 1803, noch keine zwanzig Jahre alt, einen Aufsatz über die Landwirtschaft dieses Ortes und schweifte sehr bald ab. Er beschreibt ein Land, das es nicht gibt, das ihm aber beim Nachdenken hilft: »Wenn man annähme, daß in einem Lande von 40 Meilen Durchmesser in der Mitte eine große Stadt läge, u. daß dieses Land seine Producte nur nach dieser Stadt absetzen könnte, u. daß die Landwirthschaft in diesem District auf dem höchsten Stande der Kultur stände, so ...« – wir werden später sehen, wohin das führt, jedenfalls hat Thünen hier schon die erste Idee für sein bedeutendstes wissenschaftliches Werk notiert: *Der isolierte Staat*. Das Buch beschäftigte ihn sein Leben lang; 1826 erschien der erste Teil, 1850, im Jahr seines Todes, der zweite. Ebenfalls sein Leben lang blieb er Landwirt.

1809 kaufte er, finanziert teils durch Erbschaft, teils durch Kredite, das Gut Tellow in Mecklenburg, mit 465 Hektar etwas größer als Helgoland. Er nutzte die Gelegenheit für zahlreiche Studien: Verbessert sich die Wolle, wenn man die Schafe anders füttert? Was kostet und was bringt das Kalken von Böden? Kann man Pferde mit gedämpften Kartoffeln füttern? Um wie viel steigt der Ertrag von Weizen, Hafer oder Kartoffeln bei einer um zwei oder vier Zoll tieferen Ackerkrume? Er probiert landwirtschaftliche Geräte aus und konstruiert selbst einen Hakenpflug. *Der isolierte Staat* ist von langen Passagen mit antiquierten Fachbegriffen zum Landbau durchzogen, da wird auf einer Fläche von soundso viel mecklenburgischen Quadratruten gemergelt und Dreesch aufgebrochen, die Milchwirtschaft heißt Holländerei, und die Kosten seines Betriebs zaubert er aus der legendär detaillierten Buchhaltung von fünf mühevollen Jahren hervor, vom Schullehrer und Nachtwächter über die Beiträge zu den Brand- und Hagelassekuranz-Kompanien bis hin zur Unterhaltung der Grenzgräben. Da darf man schon mal ein paar Dutzend Seiten überblättern, wenn man weiß, wonach man eigentlich sucht:

nach der Theorie über die optimale Anbaumenge (zum Beispiel von Kürbissen).

Thünens Methode besteht darin, in Gedanken die angebaute Menge in kleinen Schritten zu verändern. »Immer wird der (...) Mehrertrag durch einen Aufwand von Kapital und Arbeit erkauft, und es muß einen Punkt geben, wo der Wert des Mehrertrags dem Mehraufwand gleich wird« – und genau an diesem Punkt ist der Gewinn maximal. Es kommt also nicht auf den durchschnittlichen Gewinn für jeden bisher angebauten Kürbis an. Die Frage ist, ob ein *weiterer* Kürbis mehr kostet, als er einbringt.

Was er einbringt, was also der »Wert des Mehrertrags« ist, lässt sich gar nicht so einfach berechnen, besonders dann nicht, wenn Sie ein Patent halten und daher einziger Anbieter sind: Mit ein paar zusätzlichen Kürbissen zu viel können Sie sich den Preis für alle Ihre Kürbisse verderben. In Thünens Mecklenburger Landwirtschaft war allerdings ein anderer Aspekt wichtiger: Mag der Preis pro Stück auch konstant sein, die Kosten sind es wahrscheinlich nicht – zum Beispiel muss, wer mehr anbauen will, vielleicht schlechteren Boden hinzunehmen und daher mehr Dünger verwenden.

Für seine Beiträge zur Produktionstheorie ist Thünen bis heute berühmt – unter Spezialisten für Theoriegeschichte. Sie wissen, dass Thünen zu den ersten Ökonomen gehörte, die die Differentialrechnung einsetzten. Heute ist sie das gängigste mathematische Werkzeug der Ökonomen, denn sie erlaubt es, die gedankliche Variation in kleinen Schritten durch einfache Rechnungen zu ersetzen. Aber der Grund für Thünens andauernden Ruhm ist ein anderer: Er ist »Gründungsgott« (schrieb der Ökonomie-Nobelpreisträger Paul Samuelson) eines gänzlich neuen Forschungszweigs, der »Regionalökonomik«. In allen Ländern sind die Menschen und mehr noch die Unternehmen geografisch ziemlich ungleich verteilt. Was sind die Ursachen dafür? Was sind die Folgen? Nicht dass einem dazu gar nichts einfällt – ganz im Gegenteil. Es gibt viele Ursachen und viele Wirkungen, die auf alle möglichen Weisen zusammenhängen. Wie soll man darüber nachdenken? Thünen schlug vor, sich zunächst mal eine Welt vorzustellen, in der das Problem etwas übersichtlicher ist:

> Man denke sich eine sehr große Stadt in der Mitte einer fruchtbaren Ebene gelegen, die von keinem schiffbaren Flusse oder Kanale durchströmt wird. Die Ebene selbst bestehe aus einem durchaus gleichen Boden, der überall der Kultur fähig ist. In großer Entfernung von der Stadt endige sich die Ebene in eine unkultivierte Wildnis, wodurch dieser Staat von der übrigen Welt gänzlich getrennt wird.

Thünen beginnt seine Überlegungen ganz einfach und nimmt an, es gäbe nur ein Gut, das gehandelt wird, nämlich Getreide. Da seine Modellwelt fiktiv ist, könnte er sich auch Währung, Preis und Erntemengen ausdenken, aber das alles entnimmt er seiner Tellower Buchhaltung:

Würde man ganz in der Nähe des Marktes wohnen, könnte man 100 Kilo Roggen für 3,6 Taler Gold verkaufen. Thünens Gut aber lag fünf Mecklenburgische Meilen von Rostock entfernt, das sind knapp 38 Kilometer. Ein Gespann mit vier Pferden, das zwei Tage unterwegs war, kostete ihn gut ein Zehntel seiner Einnahmen: Reparaturen und Hufbeschlag waren zu bezahlen, und einen Teil der Ladung fraßen die Tiere selbst. Wegen dieser Transportkosten kommen in Tellow also nicht 3,6 Taler an, sondern nur 3,1, und noch weniger auf Gütern, die weiter von der Stadt entfernt liegen.

Wie soll man in Tellow jetzt den Roggen anbauen? Eine Möglichkeit ist die simple arbeitssparende Dreifelderwirtschaft: Brachliegende Felder werden bloß gepflügt. Man könnte aber auch zur arbeitsintensiveren Koppelwirtschaft übergehen: Die Felder, auf denen gerade keine Ackerfrüchte angebaut werden, dienen als Viehweiden. Das steigert den Ertrag um 20 Prozent, lohnt sich aber nur unter einer

Bedingung: Der zusätzliche Aufwand für 100 zusätzliche Kilo muss geringer sein als der Erlös, der dafür nach Abzug der Transportkosten zu erzielen ist, in unserem Beispiel 3,1 Taler. Weiter von der Stadt entfernt wären das keine 3,1 Taler mehr, sondern 2,7 (zehn Meilen von der Stadt entfernt) oder 1,9 Taler (zwanzig Meilen entfernt). Ist ein Hof mehr als 24,7 Meilen vom Markt entfernt, so rechnet Thünen uns vor, dann lohnt sich die arbeitsintensive Wirtschaft nicht mehr, dann beginnt die Zone der Dreifelderwirtschaft. Je näher wir uns an der Stadt befinden, desto arbeitsintensiver wird Getreide angebaut – weil der Weg zum Markt kürzer ist, weil also zusätzliche Ernte mehr einbringt, lohnt es sich, dem Boden mehr abzuringen.

Nachdem wir das verstanden haben, braucht Thünen nur noch einen Schritt weiter zu gehen: In seinem »isolierten Staat« wird jetzt nicht mehr nur Getreide angebaut. Aber das Prinzip bleibt das gleiche: Je mehr Arbeit in die Produktion gesteckt werden muss, desto näher an der Stadt finden wir sie, und je höher die Transportkosten sind, desto näher an der Stadt wird produziert.

Das Ergebnis sind die berühmten »Thünen'schen Kreise«: Eine Stadt in der Mitte, darum ein erster Ring mit Gartengewächsen wie Erdbeeren und Salat, die einen langen Transport auf dem Fuhrwerk schlecht überstehen, und Milchwirtschaft, denn Milch verdirbt bei Hitze nur wenige Stunden nach dem Melken. Den zweiten Ring bildet die Forstwirtschaft, zu teuer wäre sonst der Transport. Dann kommt die besonders arbeitsintensive Fruchtwechselwirtschaft, im vierten Ring die Koppelwirtschaft, im fünften die Dreifelderwirtschaft und ganz außen extensive Viehzucht.

Das ist teilweise überholt, besonders seltsam mutet an, dass die Forstwirtschaft so nah an der Stadt liegen soll, weil Holz sich heute viel leichter als zu Thünens Zeiten befördern lässt. Aber Ringe um das Stadtzentrum herum finden wir immer noch; besonders arbeitsintensiv geht es in der Mitte zu, viele Menschen erbringen Dienstleistungen, aber sie verbrauchen nicht viel Material dabei und nicht viel Platz.

Wie Thünen seine abstrakte Modellwelt des »isolierten Staates« entwickelt, hat ihm später viel Bewunderung eingetragen. Allerdings war es dem stark kurzsichtigen Thünen sowieso gemäß, sich auf das Wesentliche zu konzentrieren; von einem Kuraufenthalt in Putbus auf Rügen berichtete er: »Mein kurzes Gesicht ist mir in Gesellschaften oft hinderlich, ich mache am liebsten Bekanntschaft mit Männern, die sehr lang, sehr dick oder pucklich sind, denn diese kann ich wiedererkennen. Mit den Damen, die wie ein Chamäleon täglich ihre Farbe wechseln, darf ich es nun vollends gar nicht wagen.«

Nun war die Konzentration auf einiges Wesentliches kein bloßer Behelf für Thünen, sie wurde so sehr zu einer Lebensphilosophie, dass er sie auch anderen aufdrängte. Als sein jüngster Sohn Hermann eine rund halbjährige Bildungsreise unternahm, schrieb er ihm nach München: »Aber indem ich mich in Gedanken an Deine Stelle versetze, wird mir fast sorgig um Dich, wie Du eine solche Masse von Eindrücken und Gedanken (...) bewältigen, ordnen und zur Einheit bringen willst.«

Ob dies dem Sohn, der damals immerhin schon 27 Jahre alt war, gelingen würde, wollte Thünen nicht dem Zufall überlassen. Vier Monate später griff er zur Feder und schrieb seinem Halbbruder nach Oldenburg: »Daß Hermann jetzt längere Zeit bei Euch weilt, ist mir in mehrfacher Beziehung gar sehr willkommen. Er hat eine solche Menge Gegenstände und Verhältnisse angeschauet, daß er sie unmöglich in sich selbst verarbeiten und zur Uebersicht bringen kann. (...) Ich bitte Dich nun lieber Bruder recht dringend (...) ihm den Ausweg aus den Irrgängen des geistigen Labyrinths zu zeigen: es hängt sein Lebensglück, es hängt die Ruhe meiner noch übrigen Lebenstage davon ab.«

Das klingt pathetischer, als man das bei einem norddeutschen Landwirt erwarten würde. Aber dieser Tonfall war typisch für ihn, und in Lebenskrisen zeigte er sich erst recht. Er war 61 Jahre alt, als seine Frau im Sterben lag. Er rang mit der Verzweiflung und suchte die Stille auf dem Feld, was seinen Schmerz aber nur verstärkte. Und er rief aus (so berichtet er Jahre später): »Der größte Verbrecher kann keine ärgere Marter fühlen, als die, welche mir jetzt zu Theil wird; womit habe ich denn dies verdient?« Und bevor er selbst darauf kam, dass wandelbare Naturgesetze, die den Guten belohnen und den Bösen bestrafen, dem Menschen seine Würde und die Gelegenheit zu uneigennütziger Tugend nehmen würden, haderte er mit seinem Unglück, es schien ihm ungerecht. Von einem Hügel herab schaute er auf das Dorf und sagte sich: Keiner der Bewohner hat Mangel gelitten, keinen hat er ungerecht behandelt, keinen verdorben. Gut möglich, dass er recht hatte, jedenfalls verdiente sich Thünen im Laufe der Jahre seinen Ruf als Sozialreformer.

Als Thünen 1809 Tellow kaufte, gehörten dazu auch gut hundert Leibeigene (die er hätte verpfänden oder vermieten können und die ohne seine Genehmigung nicht heiraten durften, aber doch waren sie keine Sklaven, denn sie durften Eigentum haben und hätten sich sogar freikaufen können, freilich für Beträge, die sie von ihrem dürftigen Lohn kaum hätten sparen können). 1820 wurde die Leibeigenschaft aufgehoben, was an der Armut aber nichts änderte. 1838 beschrieb Thünen einigermaßen erschrocken die Kate des Webers, eines nicht einmal besonders armen Mannes: In den einzigen zwei Räumen lebten der Weber und seine Frau mit vier oder fünf Kindern, einem Gesellen, einem Burschen und einer Witwe, und es standen da noch drei Webstühle.

Thünen baute ein neues Haus, in das der Weber zur Miete einzog, er spendete eine Wagenladung Roggen, als 1846 in der Stadt Teterow gehungert wurde, und ein Jahr später zwei Wagenladungen Kartoffeln. Politisch übte er verachtungsvolle Zurückhaltung. Mit dem Kauf des Gutes wäre eigentlich die Mitgliedschaft im Landtag verbunden gewesen, aber Thünen legte darauf keinen Wert, die rückständige mecklenburgische Verfassung war ihm zuwider. Zwar hatten die Regenten der beiden mecklenburgischen Herzogtümer wenig zu sagen, doch nur die Besitzer der »ritterschaftlichen Güter« und die Vertreter der Städte machten die Gesetze. Gewaltenteilung war unbekannt, so lagen auch die lokale Polizeigewalt und Teile der Verwaltung und der Gerichtsbarkeit bei den Grundherren. Große Teile der Bevölkerung waren politisch überhaupt nicht vertreten.

Thünen wollte Reformen, aber keine Revolution. Am liebsten wäre ihm gewesen, wenn die Fürsten selbst erkannt hätten, dass die gebildete Mittelschicht eine Stütze des Staates sei, der man mehr Rechte zubilligen müsse. »Mit Erstaunen und Bewunderung betrachte ich das Benehmen des französischen Volkes«, schrieb er 1830, als die Julirevolution den reaktionären König Karl X. zur Abdankung zwang, ohne dass Anarchie ausbrach.

Bei der Märzrevolution 1848 war ihm reichlich mulmig angesichts der Berichte von blutigen Kämpfen in Berlin. Um seine eigene Sicherheit fürchtete er allerdings nicht – seine Arbeiter versicherten ihm, gegen sein Gut solle nichts unternommen werden, sie würden es notfalls selbst verteidigen. Und schließlich überwog der Optimismus: »Die Macht der Fürsten und der Dünkel ihrer Allmacht ist jetzt gebrochen und zwar durch ganz Deutschland innerhalb weniger Wochen.« Für die Nationalversammlung in Frankfurt waren nun Abgeordnete zu wählen – von Wahlmännern, über die wiederum von der lokalen Bevölkerung in den Wahlkreisen abgestimmt wurde. Für den Wahlkreis Belitz gehörte Thünen zu den Wahlmännern, aber »in Thürkow zwei Arbeiter, darunter ein Säufer; in Warnkenhagen 3 Arbeiter und ein Pächter«, entsetzte sich Thünen, und in Wattmannshagen wurde »unser Pogge« nicht gewählt, er konnte es kaum glauben, »ein solcher Ehrenmann«.

Daher erschien Thünen ein Klassenwahlrecht sinnvoll, bei dem einzelne Gruppen von Wählern mehr Abgeordnete bestimmen konnten als andere. Das größte Gewicht sollten die intelligentesten bekommen, also studierte Männer mit Examen. Und auch die größeren Grundbesitzer, fand Thünen, sollten mehr Abgeordnete wählen, als ihrem Anteil an der Bevölkerung entsprach, einerseits wegen ihrer Bildung, vor allem aber, weil ihre Interessen und die des Staates so besonders gut übereinstimmten.

Einem allgemeinen und gleichen Wahlrecht stand für Thünen die mangelnde Bildung der Arbeiter entgegen, ein Zustand, den er häufig beklagte und mit dem er sich nicht abfinden wollte. Vergeblich versuchte er über den Mecklenburgischen Patriotischen Verein die Schulbildung zu verbessern; in Tellow richtete er wenigstens eine Volksschule ein (wozu der Pastor den Schneider zum Lehrer ausbildete). Bildung ermöglicht nicht nur politische Teilhabe, sie verbessert auch das ökonomische Los der Arbeiter. Bildung verringert übermäßige Profite: Die Söhne der Arbeiter sollten erfolgreich mit den Unternehmern konkurrieren können! Bildung hat aber auch noch eine andere Wirkung, sie erhöht den Lohn fast unmittelbar. Das folgt aus Thünens Theorie des Marktlohns:

> Der Wert der Arbeit des zuletzt angestellten Arbeiters ist auch der Lohn derselben. (...) Der Lohn aber, den der zuletzt angestellte Arbeiter erhält, muß normierend für alle Arbeiter von gleicher Geschicklichkeit und Tüchtigkeit sein; denn für gleiche Leistungen kann nicht ungleicher Lohn gezahlt werden.

Thünen illustriert das mit einem Beispiel: Auf einer Fläche von 100 Quadratruten wachsen 100 Berliner Scheffel Kartoffeln. Davon kann ein Arbeiter an einem Tag 30 Scheffel ernten, das ist gut eine Tonne, aber das sind dann die Kartoffeln, die am leichtesten zu ernten sind. Zusätzliche Arbeiter schaffen weniger, weil sie die Erde mit der Handhacke aufkratzen müssen, um gründlicher zu suchen. Thünen nimmt nun an, dass vier Arbeiter 80 Scheffel ernten und dass ein fünfter dem Gutsherren zusätzlich 6,6 Scheffel bringt, die für 33 Schilling verkauft werden können. Beträgt der Lohn eines Arbeiters weniger als 33 Schilling pro Tag, wird dieser fünfte Arbeiter eingestellt, sonst nicht. Jedenfalls ist der letzte eingestellte Arbeiter einer, der dem Gutsherrn gerade noch so viel einbringt, wie er kostet.

Werden die Arbeiter produktiver, weil sie besser ausgebildet sind oder weil sie bessere Geräte haben, dann wollen die Unternehmen mehr produzieren und dafür sogar mehr Leute einstellen. Müssen sie die von anderen Unternehmen abwerben, steigt der Lohn.

Leider könnte das wieder zunichtegemacht werden. Geht es den Arbeitern besser, nimmt die Sterblichkeit ihrer Kinder ab. In der Folge gibt es wieder mehr Arbeiter, und der Lohn fällt zurück auf den Subsistenzlohn, der gerade eben zum Überleben reicht, und vielleicht nur dann, wenn die Kinder so früh wie möglich mithelfen, statt zur Schule zu gehen.

Nein, Arbeiter, die auf den Marktlohn angewiesen sind, würden sich nie befreien, und nie würden sie ihren Kindern zu einem besseren Leben verhelfen können. Die Gutsherren sollten mehr als den Marktlohn zahlen. Thünen begann damit recht vorsichtig angesichts von Schulden, die er lange abbezahlen muss, und aus Rücksicht auf die umliegenden Gutsbesitzer: Ab 1836 beteiligte er seine wichtigsten Arbeiter am Gewinn, ab 1848 alle 21 Familien des Dorfes. Aus einem Kapitalfonds erhielten sie 4 Prozent Zinsen ausgezahlt, das Kapital selbst konnte bis zum 60. Lebensjahr nicht gekündigt werden und diente danach als Altersversorgung.

Nun wollte Thünen aber den gerechten Lohn nicht dem Gutdünken der Gutsherren überlassen. So, wie er eine Methode gefunden hatte, die beste Produktionsmenge zu berechnen, so wollte er auch den richtigen Lohn berechnen. Wieder verwendet er die Differentialrechnung, wieder denkt sich Thünen eine vereinfachte Modellwelt aus: Da gibt es am Rand des »isolierten Staates« noch Land, das jedermann sich aneignen kann, aber es ist noch nicht kultiviert. Bevor mit dem Land etwas anzufangen ist, muss gerodet, müssen Gebäude errichtet und Geräte angefertigt werden. Thünen nimmt nun an, dass sich einige Arbeiter zusammenschließen, die meisten von ihnen sparen von ihrem Lohn alles, was sie nicht unbedingt zum Leben brauchen, davon ernähren sie die anderen, die das Land kultivieren und später auf dem Gut arbeiten werden. Indem sie Ersparnisse in ein Unternehmen gesteckt haben, sind die Arbeiter also Kapitalisten geworden, die Anspruch auf spätere Gewinne haben. Welches ist der Lohn, der die höchstmögliche Verzinsung ihres Kapitals erreicht? Ist er zu niedrig, können die Arbeiter wenig sparen, man braucht daher sehr viele von ihnen, um das nötige Kapital zusammenzubringen, und zu viele teilen sich den Gewinn. Ist der Lohn zu hoch, dann hat das neue Gut zu hohe Kosten; den höchstmöglichen Lohn, bei dem gar kein Gewinn entsteht, nennt Thünen p, und den Subsistenzlohn, der lediglich das Existenzminimum sichert, nennt er a. Thünen berechnet den Lohn A, bei dem die »Arbeiterkapitalisten« ihre Kapitalverzinsung maximieren: $A = \sqrt{a \cdot p}$

Ist der Subsistenzlohn beispielsweise 3 und der höchstmögliche Lohn 12, dann ist das Produkt dieser Größe 36, und die Wurzel daraus, nämlich 6, ist der »naturgemäße Lohn«, wie Thünen ihn nennt. Die Gelehrten streiten bis heute, ob seine mathematische Herleitung wirklich lupenrein ist, aber Verbesserungen an Thünens Beweis ändern das Ergebnis nicht. Trotzdem halten Ökonomen die Formel für irrelevant; sie gilt nur in Thünens eigentümlicher Modellwelt, und nur, wenn ihre Bewohner bloß ihre Zinsen maximieren wollen (und nicht das, was sie insgesamt, also einschließlich Lohn, verdienen). Und schließlich ist nur in einem Fall sicher, dass Thünens »naturgemäßer Lohn« die Lage der Arbeiter verbessern würde: wenn sie zuvor den Subsistenzlohn bekommen. Andernfalls kann der Marktlohn sogar höher sein als Thünens gerechter Lohn.

Für Thünen allerdings war der gerechte Lohn der Kern des zweiten Bandes von *Der isolierte Staat*, der 1850 erschien, in dem Jahr, in dem Thünen an einem Schlaganfall starb. Lange hatte er daran gearbeitet; eines der Kapitel schrieb er schon 1826, da war der erste Band gerade frisch gedruckt. 1843 schrieb er: »Zu dieser Untersuchung bin

ich von jeher durch eine wahrhaft mysteriöse Macht getrieben (...).
Ich muß dies noch in einer anderen Welt gebrauchen können, denn
ich weiß nicht, was mich mit solcher Gewalt dazu zieht.« Da war er
fast sechzig Jahre alt, und seine Gesundheit war nie besonders robust
gewesen. Nur noch schwer ließen sich Gedanken über die Zeit nach
dem Tod verdrängen.

Was sollte auf seinem Grabstein stehen? Niemand hätte sich ge-
wundert, wenn Thünen sich »seine« Kreise dafür gewünscht hätte.
Sie sind geradezu dekorativ und zementieren seinen Ruhm (und seinen Nachruhm - die aufrollbaren Schulwandkarten, auf die sie es gebracht hatten, sind aus der Mode, aber die Thünen'schen Kreise sind
in Lehrbüchern zur Agrarwirtschaft zu finden und in jedem Lehrbuch
der Regionalökonomik). Aber nein, er wählte seine Formel für den
gerechten Lohn. Den Grabstein gibt es noch immer, man findet ihn
auf dem Friedhof der Dorfkirche Belitz in der Nähe von Tellow. Die
Einheimischen haben sich längst an die Ökonomen gewöhnt, die zu
Thünens Grab pilgern und es recht erhebend finden, dass die Gravur
$A = \sqrt{a \cdot p}$ das Streben würdigt, nicht das Gelingen.

Tschajanow: Tod in der Hölle
ALEXANDER W. TSCHAJANOW (1888–1937)

Man mag es überraschend finden, dass 1920, in der drei Jahre alten Sowjetunion, ein Roman erschien, der kein gutes Haar am sowjetischen Wirtschaftssystem ließ. Er legt nahe, dass der Sozialismus nur entstanden sei, weil die gequälten, abgestumpften Arbeiter sich kein anderes Ziel ihres Kampfes als ausgerechnet Fabrikarbeit vorstellen konnten, bloß eben nicht in einer kapitalistischen Folterkammer. Und das wurde dann wieder ein untaugliches System mit vielen Befehlsempfängern und wenig Gelegenheit, schöpferisch tätig zu sein.

Dennoch, das Buch wurde gedruckt. Der Weg von der Oktoberrevolution 1917 in den Terror der stalinistischen Diktatur war eben kein gerader. In den ersten Jahren der Sowjetrepublik war das kulturelle Leben lebendig und bunt. In den Theatern wurden überraschend unsozialistische Stücke gespielt, und die Verlage druckten noch alles Mögliche, unter anderem den erwähnten Roman: *Reise meines Bruders Alexej ins Land der bäuerlichen Utopie* von Alexander W. Tschajanow.

Tschajanow, Jahrgang 1888, war seit 1913 Professor an einem agrarökonomischen Institut bei Moskau, arbeitete seit 1919 außerdem im Ministerium für Landwirtschaft der russischen Sowjetrepublik, wobei Ministerien jetzt Volkskommissariat genannt wurden. Aber er war kein Dilettant, der in seiner Freizeit ein bisschen dichtet. Die *Reise* war nicht seine erste literarische Veröffentlichung, und vielleicht sind die Freunde der russischen Phantastik, die seine Erzählung *Der venezianische Spiegel* heute noch lesen, zahlreicher als die Leser seiner wissenschaftlichen Werke.

Seine literarische Begabung nutzte Tschajanow, um seine ökonomischen Ideen einem breiteren Publikum bekanntzumachen. Held des Romans ist ein gewisser Alexej Kremnew, studierter Jurist und sozialistischer Funktionär. Im Jahr 1921 ist er Leiter einer Abteilung im »Weltvolkswirtschaftsrat«, aber auf ziemlich bourgeoise Weise mit den Ergebnissen der Revolution nicht recht zufrieden. Allein in der Bibliothek seiner recht bürgerlichen Wohnung hält er stumme Zwiesprache mit progressiven nichtsozialistischen Autoren, denen er vorwirft, auch nichts Besseres anbieten zu können als den – zugegeben – noch unvollkommenen Sozialismus. Und dann wird es unheimlich: Es riecht nach Schwefel, ein Buch von Alexander Herzen schlägt von selbst zu, die Uhrzeiger drehen sich schnell, immer schneller, die Blätter des Abreißkalenders lösen sich und wirbeln durch den Raum ... Es ist dunkel, Kremnew stößt gegen unbekannte Gegenstände, und als er schließlich auf ein Sofa fällt, das da vorher nicht gestanden hatte, verliert er das Bewusstsein.

Er wacht in einer seltsamen Welt auf. Die Möbel sind rot und haben gelb-grüne Bezüge. Dass er in Moskau ist, erkennt er, aus dem Fenster schauend, am Kreml, aber die Monumentalbauten sind verschwunden, das höchste Haus aus der vorrevolutionären Zeit, immerhin zehn Stockwerke, ist auch nicht mehr da, stattdessen – Gärten! »Sollte ich etwa Held eines utopischen Romans geworden sein«, ruft Kremnew aus, eine wenig subtile Hilfestellung des Autors für die Begriffsstutzigen unter seinen Lesern. Dann findet er eine Zeitung und sieht das Datum: 5. September 1984.

Es stellt sich heraus, dass Kremnew in der Wohnung der Familie Minin aufgewacht ist und von diesen für einen Besucher aus Amerika namens Charlie Man gehalten wird, obwohl man sich über sein gutes Russisch wundert, sogar mit Moskauer Akzent, und auch darüber, dass die aktuelle amerikanische Mode derjenigen aus den Kindertagen des alten Minin ähnelt. Zur Familie gehören außerdem zwei hübsche und nette Schwestern, Katharina und Paraskewa, nicht ganz zufällig benannt nach der slawischen Göttin der Mütter und der Landwirtschaft, sowie ihr Bruder Nikifor, der dem vermeintlichen Besucher aus Amerika die russische Gesellschaft des Jahres 1984 erklärt.

Für eine der Phantasien Tschajanows mögen die Bolschewiken sich begeistert haben: Im Jahr 1984 beherrschen die Menschen das Wetter, und zwar mithilfe von »Meteorophoren«, deren Funktionsweise für Kremnew im Dunkeln bleibt. Regen wird nicht mehr vorhergesagt, sondern für soundso viel Uhr angesetzt.

Davon abgesehen bietet der Roman einen Affront nach dem anderen: Seit 1934 liegt die Macht fest in den Händen der Bauernparteien, liest man. (Diese Parteien werden nur einmal erwähnt, Tschajanow hätte sie auch weglassen können und wird sich Jahre später verflucht haben, das nicht getan zu haben.) 1944 wurde in Tschajanows Utopie die Vernichtung der Städte angeordnet; Moskau hat danach gerade noch 100.000 Einwohner, und eigentlich gibt es gar keine Städte im herkömmlichen Sinn mehr, nur noch Orte, wo man sich für Feierlichkeiten und Versammlungen trifft, wo man Schulen, Bibliotheken oder Theater besucht. Jeder Bauer erreicht die nächste Stadt in höchstens anderthalb Stunden, wenn es sein muss auf dem Luftweg in »Aeropilen«. Die meisten Menschen sind Bauern, sie bewirtschaften ihr eigenes kleines Stück Land, eine gesunde und schöpferische Tätigkeit, für die sich Familienbetriebe als ideal erweisen, denn gerade aufgrund der hohen Bevölkerungsdichte muss »nahezu jede einzelne Ähre individuell gepflegt« werden. Diese Arbeit lässt sich nicht mechanisieren.

Aber gibt es denn in dieser Utopie gar keine Vorteile mehr für große Unternehmen gegenüber kleinen? Doch, im produzierenden Gewerbe, weshalb es hier auch keine Familienbetriebe mehr gibt. Die meisten Unternehmen sind Genossenschaften (»kollektiv geleitete Unternehmen«), die staatlichen Unternehmen überlegen seien, bei denen es vor allem den leitenden Angestellten gut gehe.

Der Wettbewerb spielt eine wichtige Rolle in dieser Welt. Man hat Leistungslöhne wieder eingeführt und hält ein paar klassische kapitalistische Unternehmen am Leben, und zwar die besten. Das organisatorische und technische Genie einiger Kapitalisten erlaubt ihnen, die hohen Steuern zu zahlen, die man ihnen aufbürdet. Als Hecht im Karpfenteich bewahren diese Unternehmen die Genossenschaften vor dem Schlendrian.

Nach der Weltrevolution hat sich der Sozialismus übrigens nur vorübergehend überall durchgesetzt. Ein sechsmonatiger Krieg ließ die Welt in fünf volkswirtschaftliche Systeme zerfallen. England-Frankreich wurde unter einer Sowjet-Oligarchie wieder kapitalistisch, Amerika führte den Parlamentarismus und teilweise das Privateigentum an Produktionsmitteln wieder ein, Japan-China wurde wieder eine Monarchie, allein Deutschland ist noch herkömmlich sowjetisch. Alle anderen Teile der Welt sind zwischen den fünf Systemen mehr oder weniger gleichmäßig in Kolonien aufgeteilt.

Kremnews Lage wird mit der Zeit kritisch, nicht zuletzt wundert man sich darüber, wie schlecht »Charlie Man« Englisch spricht. Da Deutschland gerade einen Krieg anzettelt, wird er als deutscher Spion verhaftet. Der Krieg bricht aus, ist aber erfreulich kurz: Eine Wand aus Wind hält die deutsche Armee auf, Meteorophoren vernichten die deutschen Flugzeuge. Berlin kapituliert. Die Reparationen bestehen aus Gemälden (Botticelli, Holbein etc.) zur Versorgung der Wanderausstellungen, mit denen die kunstsinnigen russischen Bauern beglückt werden, dazu der Pergamon-Altar und tausend Zuchtbullen einer Rasse, für die der grimmige Weltgeist dem Autor einen hervorragenden Namen eingegeben hat: »Nur für Deutschland«.

Der Roman endet mit der Entlassung Kremnews aus dem Gefängnis. Er geht einer ungewissen Zukunft entgegen. Da das ganze

Werk als »Teil I« bezeichnet ist, hat Tschajanow sicher eine Fortsetzung geplant, über die wir aber nichts wissen. Für uns Leser bleibt es in alle Ewigkeit bei dem einen Kuss, den Kremnew von Katharina auf die Stirn bekommt. Trotzdem gibt es keinen Grund, Kremnew zu bedauern, wenn wir sein Schicksal mit dem von Tschajanow vergleichen. Das Gefängnis, in das Kremnew gebracht wird, ist der Konzertsaal eines Hotels, in den man Klappbetten gestellt hat; der Kommandant entschuldigt sich für die Bedingungen, aber es sei ja nur für vielleicht zwei Tage, und mit gutem Essen und Unterhaltungsveranstaltungen werde man versuchen, das wiedergutzumachen. Das Verhör, in dem Kremnew versucht, seine Geschichte plausibel zu machen, ist eher eine Anhörung durch eine ehrwürdige Expertenkommission. Sein eigenes Verfahren wird der arme Tschajanow anders erleben.

1921, ein Jahr nach dem Erscheinen von Tschajanows Roman, ging es mit der Landwirtschaft der Sowjetunion steil bergab. Die Genossenschaften, über die die selbständigen Kleinbauern Geräte und Düngemittel beschafften und Produkte absetzen konnten, wurden verstaatlicht. Tschajanow, ein leidenschaftlicher Verfechter des Genossenschaftswesens, war empört: »Es ist nicht möglich, mithilfe der staatlichen Presse dem Ochsen die Form eines Kamels zu verleihen und dabei zu verlangen, dass er am Leben bleibe.«

Mehr noch, die Bauern mussten so viel Getreide abliefern, dass ihnen häufig nicht einmal Saatgut blieb. Im Frühjahr 1921 begann die große Hungersnot, die schließlich fünf Millionen Menschenleben kosten sollte. Der Unmut der Arbeiter über die schlechte Versorgung gefährdete die Macht der Bolschewiki. Lenin akzeptierte die Gründung eines Hilfskomitees, das aus etwa achtzig Personen bestand, darunter einige prominente Nicht-Kommunisten – und Tschajanow. Sie nutzten ihre Reputation und ihre Verbindungen ins Ausland für Hilfsappelle, und der Erfolg blieb nicht aus. Das Internationale Rote Kreuz half ebenso wie die American Relief Administration, die vom späteren US-Präsidenten Herbert Hoover geleitet wurde.

Nachdem die Hilfe angelaufen war, wollte Lenin die Komitee-mitglieder loswerden; zu deutlich hatten sie gesehen und auch aus-gesprochen, wie die Regierung versagt hatte. Die meisten wurden verbannt, gegen zwei von ihnen ergingen Todesurteile, die nach internationalen Protesten wieder aufgehoben wurden. Selbst Lenins altem Mitstreiter Maxim Gorki wird eine »Erholungsreise« ins Ausland unmissverständlich nahegelegt; der Schriftsteller hatte als Sprecher des Komitees fungiert. Tschajanow, von Lenin geschätzt und kurz zuvor noch zum Institutsdirektor befördert, wurde ähnlich milde gemaßregelt: Er wurde auf eine längere Dienstreise geschickt.

Er nutzte die Zeit. Im Mai 1922, kaum in England angekommen, stürzte er sich in die Arbeit an dem Buch, das ihn berühmt machen sollte. Weitere Stationen waren das schlesische Schreiberhau und Heidelberg. Rund 700.000 russische Emigranten lebten zu dieser Zeit in Deutschland. Tschajanow sprach leidlich gut Deutsch, aber er schrieb Russisch und bediente sich eines Übersetzers für die deutsche Ausgabe des Buches, das im Sommer 1923 erschien: *Die Lehre von der bäuerlichen Wirtschaft*.

Tschajanow sah einen scharfen Gegensatz von kapitalistischem Betrieb und Familienwirtschaft. Ersterer strebe danach, seinen Gewinn zu maximieren. Der Bauer und die arbeitsfähigen Angehörigen aber arbeiten, so viel sie müssen: genau so lange, wie sie brauchen, um die Familie zu ernähren. Ist dieses Ziel erreicht, meinte Tschajanow, »können noch so hohe Arbeitslöhne den Bauern nicht zur Arbeit verlocken«. Andererseits kann es sein, dass die Familienbetriebe viel mehr Arbeit in ihren Hof stecken, als das ein kapitalistischer Betrieb mit Angestellten tun würde. Liegt der Ertrag einer Arbeitsstunde unter dem Stundenlohn, wird der kapitalistische Betrieb so lange Arbeiter entlassen, bis das nicht mehr der Fall ist. Arbeitsintensive Tätigkeiten, die sich nicht lohnen, unterbleiben. Anders der Familienbetrieb: Um die Familie zu ernähren, beutet man sich notfalls selbst aus – es werden dann arbeitsintensive Produkte angebaut, um aus dem Boden herauszuholen, was herauszuholen ist, und ist der Ertrag pro Arbeitsstunde noch so niedrig.

Wie in seinem Roman, so steckt auch in dieser Analyse eine Provokation. Das wäre den Bolschewiken auch dann aufgefallen, wenn Tschajanow nicht geschrieben hätte, das Marx'sche System liefere »ein durchaus unzureichendes Handwerkszeug«. Denn der orthodoxe Marxismus erwartete auch für die Landwirtschaft eine zunehmende Konzentration auf immer weniger und dafür größere Betriebe. Jeder Landwirt konnte ein angehender Kapitalist sein, also ein Gegner der Revolution und des Fortschritts. Und nun kam Tschajanow und behauptete, diese Rechtfertigung der Enteignung und Kollektivierung tauge nichts.

Dennoch entschloss sich Tschajanow im Herbst 1923 nach Russland zurückzukehren. Mehrere Gründe kamen zusammen. Da war zum einen »sein« Agrar-Institut, in dem dreißig Wissenschaftler arbeiteten und das mit einer großen Bibliothek ausgestattet war, rund 100.000 Bände; außerdem lockte sicher die detailreiche russische Agrarstatistik.

Er hoffte, helfen zu können, und es sah ja auch ganz danach aus, als kehre ökonomische Vernunft nach Russland zurück. Lenin hatte den »Kriegskommunismus« beendet, was unter anderem bedeutete, dass Ernten nicht mehr sinnlos beschlagnahmt wurden und der Staat darauf verzichtete, den Handel mit Lebensmitteln komplett selbst zu organisieren. Es war ein Erfolg von Tschajanow und einigen anderen ökonomischen Beratern Lenins, dass die Bauern im Zuge der »Neuen Ökonomischen Politik« nur einen bestimmten Teil ihrer Ernte abzugeben hatten. War die »Naturalsteuer« abgeführt, konnten die Bauern den Rest selbst behalten und verwerten. Es blieben also noch Gründe, sich bei der Bewirtschaftung des Landes anzustrengen.

Ein weiteres Motiv für Tschajanows Rückkehr mochte die Liebe zu seiner Heimatstadt Moskau gewesen sein. Die Tochter eines seiner Kollegen erinnert sich an Spaziergänge, zu denen Tschajanow manchmal einlud und bei denen er sich als kenntnisreicher und extrovertierter Stadtführer entpuppte. Ansonsten weiß man wenig über seine Persönlichkeit, denn seine Aufzeichnungen und der Großteil seiner Briefe wurden konfisziert und vernichtet. Auf den meisten Fotos, die von Tschajanows erhalten sind, sieht er nicht direkt in die Kamera, sondern vom Fotografen aus gesehen leicht nach links, etwas melancholisch gedankenverloren blickt er in die Ferne.

Zunächst ließ man ihn unbehelligt arbeiten; 1925 erschien seine *Lehre von der bäuerlichen Wirtschaft* auf Russisch. Die englische Übersetzung von 1966 leitete eine Tschajanow-Renaissance ein, die deutsche Ausgabe wurde mehrfach nachgedruckt. Warum eigentlich?

Von vielen ökonomischen Analysen bleibt nach hundert Jahren nichts als ein Haufen Staub. Tschajanows Werk dagegen hat sich erstaunlich frisch gehalten. Dass ökonomische Entscheidungen nicht nur von monetären Größen getrieben werden, sondern dass auch psychologische Faktoren wichtig sind, gilt heute als selbstverständlich. Und auf moderne Weise erklärt Tschajanow, warum sich die Landwirte mal mehr und mal weniger anstrengen: Das sei »ein eigenartiges Gleichgewicht zwischen dem Maße der Bedürfnisbefriedigung der Familie und der Beschwerlichkeit (dem Mühseligkeitsgrade) der Arbeit«. Ökonomen unserer Tage würden hier nur das Wort »eigenartig« streichen, Analysen à la Tschajanow finden sich heute im wissenschaftlichen Mainstream.

Tschajanows Buch ist vollgestopft mit Statistiken und statistischen Auswertungen, auch darin war er ein moderner Ökonom. (So lernen wir, dass Männer im Gouvernement Twer von den 5876 wach verbrachten Stunden eines Jahres nur 2206 arbeiteten, so dass durchaus noch mehr Arbeit möglich gewesen wäre, hätte die Ernährung der Familie das erfordert.) Einiges von dem, was er schrieb, galt nur für die Welt, in der er lebte. In entwickelten westlichen Ländern trifft es sicher nicht mehr zu, dass Landwirte kein Interesse an Überschüssen haben, dass sie gerade genug arbeiten, um die Grundbedürfnisse der Familie zu befriedigen (wobei schon Tschajanow zugesteht, dass das, was als Grundbedürfnis gilt, sich von Zeit zu Zeit und von Gegend zu Gegend unterscheiden kann). Und wie sieht es aus mit Tschajanows Schlussfolgerung, dass Familienbetriebe mit »außerordentlicher Zähigkeit und Widerstandskraft« Krisen überleben, die kapitalistische Betriebe aufgeben lassen, dass Landwirtschaft also natürlicherweise von Familien betrieben wird?

Auf den ersten Blick könnte man meinen, dass die heutige »industrielle« Landwirtschaft mit der in Tschajanows Russland wenig zu tun hat. Die modernen Mähdrescher sehen aus, als hätte ein komplett phantasieloses Kind mit überdimensionierten Legosteinen einen Kriegsroboter gebaut. Die Fahrer erklimmen diese Maschinen über hohe Leitern und bearbeiten Felder, denkt man, auf denen man einen Flughafen unterbringen könnte oder auch zwei. Aber der Eindruck täuscht. So furchtbar groß sind landwirtschaftliche Betriebe gar nicht, nur ein halbes Prozent von ihnen erreicht heute in Deutschland mindestens die tausend Hektar, mit denen Flughäfen wie Köln-Bonn, Boston oder Peking auskommen. Und sie werden hauptsächlich von Familien bewirtschaftet. Auf fünf Arbeitskräfte, die auf dem Hof der eigenen Familie arbeiten, kommen in Deutschland nur zwei, die nicht zur Familie gehören.

Tschajanow hatte also recht: Von allein verschwinden die landwirtschaftlichen Familienbetriebe nicht. Nur die politische Macht der Bauern blieb auf die Phantasiewelt des Romanautors Tschajanow beschränkt. Gut zehn Jahre nach der Oktoberrevolution, fünf Jahre nach dem Erscheinen der *Lehre von der bäuerlichen Wirtschaft*, setzte eine neue Welle der Kollektivierung ein. Und eine schlechte Zeit brach an für das ideologiefreie Streben nach Erkenntnis.

Der erste Schlag war noch verkraftbar. Das Forschungsinstitut für Agrarökonomie und Agrarpolitik wurde 1928 aufgelöst, Tschajanow verlor seinen Direktorenposten, blieb aber Professor. Dann aber kam der 27. Dezember 1929: Josef Stalin, der 1924 Lenins Nachfolger geworden war, hielt eine Rede auf der Konferenz marxistischer Agrarwissenschaftler, die sich wie eine Tirade gegen Tschajanows Analysen liest, auch wenn sein Name nur einmal fällt: »Unverständlich bleibt nur, warum die antiwissenschaftlichen Theorien der ›Sowjet‹-ökonomen vom Schlage eines Tschajanow in unserer Presse ungehinderte Verbreitung finden sollen.«

Das war keine Kritik, sondern eine Verurteilung. Am 21. Juni 1930 wurde Tschajanow an seinem Arbeitsplatz verhaftet und in der Lubjanka verhört, dem zentralen Gefängnis des sowjetischen Geheimdienstes. Dieser Ort hat viele erzwungene Geständnisse erlebt, die zu Verurteilungen wegen konterrevolutionärer Aktivität führten, oder wegen Mitgliedschaft in einer terroristischen Vereinigung. Manchmal wurden noch absurdere Dinge erfunden, etwa eine »Verschwörung, das Vaterland durch heimlich gebaute künstliche Vulkane zu zerstören«. Was Tschajanow gestand, war die Gründung eines »Kampforgans der Rest-Bourgeoisie«, nämlich der »Werktätigen Bauernpartei« (WBP); gut möglich, dass der Geheimdienst sich durch Tschajanows Roman hatte inspirieren lassen. Tschajanow hatte nie einer Partei angehört, und eine »Werktätige Bauernpartei« gab es nicht.

Über diese Partei spann Tschajanow im Verhör zahlreiche Details aus; so liest man von jungen Leuten in der Partei, die »bis hin zu terroristisch anmutenden Methoden« greifen wollten, was Tschajanow aber abgelehnt habe. Auch habe es rechtsradikale Strömungen in der Partei gegeben, wobei »die Agronomen aus der Peripherie« die reaktionärsten gewesen seien.

Tschajanows Institut diente, so hält es das Protokoll fest, den Zielen der Partei, zum Beispiel durch die Herausgabe von Büchern, in denen ihre kleinbürgerliche Ideologie international verbreitet wurde. Auch Tschajanows Buch von 1923 zählte dazu. Über das Institut bestanden »Verbindungen zu mehr als 50 ausländischen wissenschaftlich-ideologischen Zentren«.

Tschajanow musste auch über Personen reden, insbesondere über andere Agrarökonomen am Institut. Einige bringt er in Zusammenhang mit der Bauernpartei, andere schützt er, so gut es geht. Zum Beispiel sagt er aus, dass sein Kollege Alexander Minin eine Dienstreise nach Deutschland, Dänemark und in die Tschechoslowakei geplant habe. Er habe Minin, der Kontakte zu bestimmten Wissenschaftlern herstellen sollte, einige Empfehlungsbriefe mitgegeben. »Alle diese Bitten von meiner Seite muss man als Teil meiner Arbeit zu den Auslandskontakten von WBP betrachten, was ich ausführlich in einer separaten Aussage beschrieben habe. Allerdings habe ich nicht den Eindruck erhalten, dass unser Gespräch den Charakter einer politischen Einweisung hatte.«

Es ist kein Zufall, dass eine Figur in *Reise meines Bruders Alexej ins Land der bäuerlichen Utopie* ebenfalls Minin heißt, Tschajanow hat öfter Figuren in seinen Erzählungen nach realen Personen benannt, eine zum Beispiel nach Michail Bulgakow, der später als der Autor von *Der Meister und Margarita* berühmt wurde. Gegen Ende von Tschajanows Roman ist es übrigens Minin, der seiner Bürgerpflicht genügt und den Ich-Erzähler Kremnew anzeigt.

Tschajanow gab zu Protokoll, was er zu Protokoll geben musste, und ansonsten kämpfte er. Sagte, dass er seine wissenschaftlichen Irrtümer seit zwei Jahren erkannt habe, dass man ja nachlesen könne, welch hohe Meinung von landwirtschaftlichen Großbetrieben er jetzt habe, dass er aktiv zum Erfolg der sowjetischen Politik beitragen wolle. Seine neueren Arbeiten könnten zur Propaganda im Ausland eingesetzt werden. In einem Brief an einen Geheimdienstoffizier schreibt er:

Ich bitte, mir das Leben zu erhalten und schwöre, seinen Rest der sozialistischen Landwirtschaft zu widmen, für die ich objektiv schon nicht wenig getan habe. (...)
Wenn Sie an der Front eine 12-Zoll-Kanone vom Feind erobern, werden Sie sie nicht in den Abgrund werfen, sondern wenden sie mit der Mündung zum Feind.

Ich gehöre zu den zehn besten Wissenschaftlern der Welt in meinem Fachgebiet und kann vieles für Sie tun; gehen Sie mit mir genau so um, wie Sie mit einer von den Konterrevolutionären erbeuteten Kanone umgehen würden. Für den Sozialismus mache ich alles, was ich nur kann.

Er bat darum, konfiszierte Bücher zurückzubekommen, und um ein Kopfkissen. Wegen seiner angegriffenen Gesundheit müsse er viel liegen, und sein Kopf sei schon ganz taub. Trotz dieser Umstände verfasste er ein Manuskript über die sozialistische Bewässerungswirtschaft und schrieb Briefe, in denen er Forschungsprojekte vorschlug.

Erst ein Jahr nach der Verhaftung endeten die Verhöre. Aus der Haft wurde er 1934 in die Verbannung nach Alma-Ata in Kasachstan entlassen, wo er einige Zeit im Republikkommissariat für Landbau arbeitete. Am 17. März 1937 wurde er erneut verhaftet, wieder und wieder verhört und am 3. Oktober 1937, drei Monate vor seinem fünfzigsten Geburtstag, vom Militärkollegium des Obersten Gerichts der UdSSR zum Tod durch Erschießen verurteilt; das Urteil wurde sofort vollstreckt.

Es war eine von 700.000 Erschießungen in der Zeit des »Großen Terrors« 1937/1938. Zu den Opfern gehörten auch Alexander Minin und der Geheimdienstoffizier, der Tschajanow 1930 verhört hatte.

Keynes: Der unter anderem auch Ökonom war
JOHN MAYNARD KEYNES (1883-1946)

»Er war einer der intelligentesten und originellsten Denker, die ich kennengelernt habe, aber Wirtschaftswissenschaft war nur eine Nebenbeschäftigung für ihn.« Man sollte es nicht für möglich halten, doch dieses zweischneidige Lob bezieht sich auf den berühmtesten Ökonomen des 20. Jahrhunderts, John Maynard Keynes. Es stammt von Friedrich von Hayek, einem Freund und zugleich wissenschaftlichen Gegenspieler von Keynes. Der habe, so Hayek, wenig über die Geschichte der Wirtschaft im 19. Jahrhundert gewusst, weil seine Interessen von ästhetischen Gesichtspunkten geleitet waren, und er hasste nun einmal das 19. Jahrhundert. Sogar die wissenschaftliche Literatur jener Zeit habe er kaum gekannt, während er ein großer Kenner des elisabethanischen Zeitalters gewesen sei. Aber doch, ja, Keynes hätte wohl das Zeug zu einem großen Ökonomen gehabt, wenn er sich nur darauf konzentriert hätte.

Keynes' gesammelte Werke umfassen dreißig Bände, trotzdem hat Hayek nicht ganz unrecht. Keynes widmete viel Aufmerksamkeit, Zeit und auch Geld den Künsten. Er gehörte zur Bloomsbury Group - der berühmten Gruppe von Künstlern und Intellektuellen wie Virginia Woolf, E. M. Forster, Lytton Strachey oder Roger Fry. Er besaß

Werke von Cézanne, Delacroix und Ingres. Das letzte Buch, in dem er vor seinem Tod noch las, war die Erstausgabe eines Bandes des irischen Dichters Thomas Parnell (1679-1718).

Sein Vermögen, das ihm erlaubte, Kunst zu sammeln, hatte Keynes nicht geerbt, sondern durch Spekulation verdient. Dabei gab es auch verlustreiche Jahre – dass es mit Wertpapieren einen risikolosen Gewinn nicht geben konnte, dass die Finanzmärkte kaum auszurechnen, ja irrational sind, war ihm klar. In seinem Hauptwerk *Allgemeine Theorie der Beschäftigung, des Zinses und des Geldes* demonstriert er das mit einem schönen Gedankenexperiment.

Stellen Sie sich vor, Sie nehmen am Preisausschreiben einer Zeitung teil. Dazu sollen Sie aus hundert Porträtfotos die sechs schönsten auswählen. Sie können gewinnen, wenn Ihre Wahl möglichst gut der durchschnittlichen Wahl der anderen Teilnehmer entspricht. (Wenn Ihnen diese seltsame Regel bekannt vorkommt: Früher galt sie auch beim »Tor des Monats« der Sportschau, wo nur in den Lostopf kam, wer selbst das beliebteste Tor gewählt hatte.) Welche Fotos wählen Sie aus? Wirklich die, die Sie am schönsten finden? Aber Sie glauben ja nicht, dass Ihr Geschmack gerade der Durchschnittsgeschmack ist. Also überlegen Sie: Welche sechs Fotos gefallen den anderen Teilnehmern am besten? Doch Moment mal: Sie wissen ja, dass die sich dasselbe überlegen. Sie müssen also darauf kommen, welches die sechs Fotos sind, von denen die anderen glauben, dass die meisten sie wählen. Oder vielmehr: Von denen die meisten glauben, dass die meisten anderen glauben ... Sie sehen schon, dass diese Überlegung nie zu einem vernünftigen Schluss führt.

Und vor dem Problem stehen, so Keynes, auch Anleger, die sich fragen, ob sie (beispielsweise) eine bestimmte Aktie kaufen sollen. Wenn die anderen Anleger es für eine gute Idee halten, die Aktie zu kaufen, wird ihr Wert steigen. Wovon also machen die anderen Anleger ihre Entscheidung abhängig? Davon, ob sie glauben, dass die anderen glauben, der Wert der Aktie werde steigen. Aber ob die anderen das glauben, hängt davon ab, ob sie glauben, dass die anderen glauben, dass die anderen glauben ... Unmöglich vorherzusagen, wann eine Spekulationsblase platzt.

Trotzdem: Auch für seine Freunde aus der Bloomsbury Group legte Keynes Geld an. Besonderen Dank durfte er dafür nicht erwarten, er wurde gelegentlich als eine Art Buchhalter angesehen – was Wirtschaftswissenschaftler nicht gerade als Kompliment verstehen, aber mit ein bisschen volkswirtschaftlicher Buchhaltung kommen sie manchmal schon recht weit. Das zeigt die von Keynes erdachte Bananenparabel.

Stellen wir uns ein Land vor, in dem die Wirtschaft eigentlich ganz einfach funktioniert: Das einzige Produkt, das benötigt und produziert wird, sind Bananen. Geld, das die Bewohner nicht für Bananen ausgeben, sparen sie. Die Banken verleihen das Geld an Unternehmer, die es in Erhalt oder Erweiterung der Bananenplantagen investieren.

Jetzt kommt der Finanzminister des Landes auf die Idee, die Bürger zu größerer Sparsamkeit aufzurufen. Ist die Kampagne erfolgreich, bringen die Leute mehr Geld zur Bank und geben weniger für Bananen aus. Investieren die Unternehmer dafür mehr? Nicht unbedingt, denn das hängt davon ab, welche Erträge sie erwarten, was wieder davon abhängt, was die anderen erwarten ... Die Geschichte kennen Sie ja schon. Außerdem könnte es sein, dass die Sparsamkeitskampagne auch auf die Unternehmer selbst wirkt, oder dass es kurzfristig nicht genügend Fachkräfte für eine Ausweitung der Plantagen gibt, oder ... Keynes' Liste von Gründen, wieso die Unternehmer gerade keine Lust haben zu investieren, ist ziemlich lang.

Und die Konsumenten sind ja nun sparsamer und wollen nicht mehr so viel Geld ausgeben wie früher. Was passiert mit der Bananenproduktion? Keynes hat sich das Beispiel Bananen gut überlegt; wenn es Nüsse wären, könnte man sie lagern und versuchen, sie später zu verkaufen. Aber die Bananen müssen sofort unter die Leute gebracht werden. Was bleibt den Unternehmen übrig, als die Preise zu senken?

Das Ergebnis ist scheinbar fantastisch: Die Bananenpreise sinken so weit, dass die Leute wie vorher die ganze Ernte kaufen können, und zusätzlich haben sie jetzt Ersparnisse auf der Bank. Hat der Finanzminister ein Wunder gewirkt? Sind alle reicher geworden?

Die Bananenparabel von 1930 ist ein kleiner Mosaikstein auf dem Weg zu Keynes' völlig neuer Sicht auf ökonomische Zusammenhänge. Vielleicht half es Keynes sogar, dass er viele Werke von Ökonomen, die älter waren als sein eigener Lehrmeister Alfred Marshall, kaum kannte. So wie es bei Thomas Parnell heißt, im wahrscheinlich letzten Gedicht, das Keynes vor seinem Tod las, dem *Nachtstück auf den Tod*:

Der Weisen Bücher zeigen an
Zur Weisheit stets die fernste Bahn,
Den kürzern Pfad such' ich für mich,
Der Weisheit lehret sicherlich.

Der »kürzere Pfad«, den Keynes beschreitet, ist die eigene Modellwelt. In der schauen wir jetzt auf die Bananenplantagen. Solange die Preise fallen, die Löhne aber noch konstant bleiben, werden ihre Gewinne sinken und bald zu Verlusten werden. Haben die Unternehmer vor der Sparkampagne weder Gewinne noch Verluste gemacht, dann sind ihre Verluste jetzt genauso hoch wie die Summe der neuen Ersparnisse. Das Land ist nicht reicher geworden – das könnten wir nur dann glauben, wenn wir uns von irrelevanten Kontoständen täuschen lassen. Hier denkt man am besten ganz einfach: Solange es nicht mehr Bananen gibt, kann das Land nicht reicher sein.

Leider endet die Geschichte hier nicht. Die Verluste zwingen die Unternehmen, entweder die Löhne zu senken oder Leute zu entlassen. Das nützt ihnen aber nichts, denn daraufhin können die Konsumenten weniger Bananen kaufen. Weshalb die Unternehmen noch mehr Verluste machen und wieder die Löhne senken oder Leute entlassen, und sie werden auch weniger Bananen anpflanzen und ernten wollen. Bevor nun alle verhungern, wird der Finanzminister aus der Sparkampagne eine Konsumkampagne machen, oder der Staat wird die gesunkene Bananennachfrage durch eigene Investitionsausgaben wettmachen.

Ist Keynes immer so leicht zu verstehen? Ganz und gar nicht. Zwischen der Bananenparabel und der *Allgemeinen Theorie* liegen sechs Jahre Arbeit. Die Arbeit floss in das neue Theoriegebäude, nicht in die Darstellung. Paul Samuelson schildert das unverblümt: »Ein schlecht geschriebenes Buch, unzugänglich gegliedert; jeder Laie, der, von dem guten Ruf des Autors verführt, das Werk kaufte, war um seine fünf Schillinge betrogen. (...) Geistesblitze und Intuition wechseln mit langweiliger Algebra. Eine unbeholfene Definition öffnet plötzlich den Weg zu einer unvergleichlichen Kadenz. Wenn diese schließlich gemeistert ist, finden wir die Analyse klar und gleichzeitig neu. Kurz, es ist das Werk eines Genies.«

Viele Ökonomen machen um Keynes' Buch einen Bogen. Dass Keynes so populär ist, und dass es einen »Keynesianismus« gibt, oder eigentlich drei oder vier davon, ist seinen Interpreten zu verdanken, die sich allerdings immer noch nicht einig sind. Eine Ausnahme sind die Elemente von Keynes' Theorie, für die er wirklich klare Geschichten erzählt hat. Ganz gewiss hielt er das Verhalten von Investoren für unberechenbar, es folgt keinem ökonomischen Kalkül, das sich mit einer einzigen mathematischen Gleichung beschreiben ließe. Und: Volkswirtschaften können aus dem Gleichgewicht geraten und beherzter staatlicher Eingriffe bedürfen.

Ist das eigentlich so furchtbar wichtig? Ist das Materielle nicht letztlich bedeutungslos im Vergleich zu den geistigen Genüssen? Was bleibt denn ohnehin am Ende vom Reichtum? Der Ort, wo Thomas Parnell die Weisheit sucht, die er sich von Büchern nicht mehr verspricht, ist der Friedhof. Ein letztes Mal noch (aber es hilft den Toten nicht) zeigen sich hier ökonomische Unterschiede: Denn

> Die Hügel, welche namenlos
> Dort eingezäunt mit Weiden bloß,
> Verkünden unverkennbar dir,
> Daß Sorg' und Armuth ruhen hier.

In flache Grabsteine wurden immerhin Namen gemeißelt, die aber schon bald, noch bevor sie unleserlich werden, niemand mehr kennen wird:

> Ehrgeiz'ge aus dem Mittelstand
> Bezeichnen sie, all' unbekannt.

Und dann sind da die marmornen Grüfte mit Wappen und Engeln, vom Mond beschienen. In dieser schaurigen Atmosphäre erhebt nun der Tod selbst seine Stimme und spricht zum Dichter. Und er spricht dem Dichter Trost zu – das ist die überraschende Wendung des Gedichts.

Die letzte von Keynes überlieferte Bemerkung vor seinem Tod war eine Interpretation dieses Gedichts: Sorge dich nicht, wolle es sagen, am Ende stehe die göttliche Gerechtigkeit. Oder in den Worten von Parnell: Mit dem Tod fällt die Last der Ketten, des Frommen Geist schwingt sich auf und entfaltet frei sein Flügelpaar.

Zu Keynes passt das nicht recht. Er starb mit 62 Jahren, mit angegriffenem Herzen zwar, das schon einen Infarkt hinter sich hatte, aber er konnte nicht wissen, dass das Buch von Parnell das letzte war, das er in den Händen halten würde. Seine Bemerkungen über das *Nachtstück auf den Tod* sollten kein Vermächtnis sein, und sein berühmtes Diktum »Auf lange Sicht sind wir alle tot« war kein Trostspruch, sondern eine pointierte Warnung, dass kurzfristige Störungen es wert sind, sich über sie Gedanken zu machen.

Keynes hatte wirklich nicht so gelebt, als wollte er sich etwas für die Zeit nach dem Tod aufsparen. Er verkehrte mit bedeutenden Intellektuellen in jedem Sinn des Wortes; zu seinen Liebhabern gehörte - neben anderen männlichen Mitgliedern der Bloomsbury Group - Lytton Strachey, einer der scharfzüngigsten Schriftsteller des 20. Jahrhunderts. Dann aber verblüffte Keynes seine Umgebung dadurch, dass er die russische Star-Ballerina Lydia Lopokova heiratete. Er arbeitete in verschiedenen Funktionen für englische Regierungen und beriet Politiker, die dabei einiges auszuhalten hatten. Bei einem Empfang in der Nähe von Oxford soll ein Butler einmal das Eintreffen von Keynes mit Premierminister Asquith so quittiert haben: »Mr. Keynes und ein weiterer Gentleman«. Und 1928 schrieb Keynes an Winston Churchill, der als Minister für Finanzen und Wirtschaft zuständig war: »Lieber Schatzkanzler, was für ein schwachsinniges Währungsgesetz haben Sie eingebracht.« Churchill antwortete sehr höflich und respektvoll, beginnend mit »Mein lieber Keynes«. Nach 1942 hätte er dann »Lord Keynes« schreiben können, denn der Ökonom wurde in den Adelsstand erhoben.

Hatte Keynes überhaupt etwas versäumt? Ja, sagte er kurz vor seinem Tod 1946, er hätte mehr Champagner trinken sollen. Wollte man ein Gedicht finden, das besser zu Keynes passt als die Friedhofsverse des dichtenden Theologen Parnell, dann könnten es diese Zeilen des jung gestorbenen Lyrikers Uwe Greßmann sein:

Nur halb hat den grünen Becher geleert
Wer am Ende des Weges
Dem Trank noch nachtrauern will
Doch das dunkle Haus schon betreten muß

Stackelberg: Der Bundesverdienstkreuzträger
HEINRICH FREIHERR VON STACKELBERG
(1905-1946)

Unternehmer machen sich Gedanken über ihre eigenen Kosten und
Preise. In vielen Märkten ist es klug, darüber hinaus auch das Verhalten der anderen Anbieter zu beobachten und richtig darauf zu reagieren. Besonders clever aber sind solche Unternehmer, die sich sagen:
Die anderen beobachten, was ich tue, ich weiß, dass sie das tun, kann
ich dieses Wissen ausnutzen? Heinrich Freiherr von Stackelberg war
der erste Ökonom, der eine brauchbare Theorie über solche Unternehmer entwickelt hat. Jeder Student in der Anfängervorlesung über
Märkte und Preise lernt sie als »Stackelberg-Führer« kennen, und
mancher muss bei der Gelegenheit ertragen, dass der Professor über
seinen eigenen Witz kichert, während er darauf hinweist, Stackelberg
sei ein »ziemlicher Nazi« gewesen. Ein billiger Witz, zugegeben, aber
er tut Stackelberg nicht unrecht.

Stackelberg ist 26 und hat schon eine Karriere in diversen Bünden
von Nachwuchsnazis hinter sich, als er 1932 Schriftleiter der *Jungnationalen Stimmen* wird und Dinge in die Welt trompetet wie »Die
biologische Betrachtung des Volkes stellt uns zunächst vor die Frage
nach der Rasse. Wir alle tragen im Blute den Willen zur Reinerhal-
tung der Art.« Es gibt aber auch Fragen, die sich nicht nur Stackelberg

stellt – sondern auch Leute, die noch alle Tassen im Schrank haben. Zum Beispiel: Wissenschaftler und Nationalsozialist, wie passt das eigentlich zusammen? Darauf antwortet Stackelberg 1934 als »Führer der Dozentenschaft an der Universität zu Köln«: »Der Forscher kann frei seinen Weg gehen, den ihm sein Gewissen vorschreibt. Aber nicht jeder darf Forscher werden. Er muss (...) persönlich und charakterlich des Forschens im Namen der Nation würdig sein. Der Forscher muss Nationalsozialist sein, (...) Nationalsozialist dadurch, daß er die Nation in allen ihren Ständen und Schichten als obersten irdischen Wert anerkennt und seinem Führer Adolf Hitler unbedingte Gefolgschaft leistet.« Solche Forscher könne man dann ruhig machen lassen, es würde schon »nationalsozialistische, deutsche Wissenschaft erwachsen«. Wie die aussieht, hatte er schon zwei Jahre zuvor demonstriert, als er sich energisch gegen den Freihandel wandte, denn internationale Arbeitsteilung mache von fremder Erzeugung abhängig, und das sei verhängnisvoll, besonders im Krieg, wie er unverblümt schrieb, während er an anderer Stelle die Umschreibung »Befreiung der deutschen Volksteile außerhalb des Reiches« bevorzugte.

Die deutsche Wirtschaftswissenschaft hatte damals einige Jahre lang ihr eigenes Süppchen gekocht, ohne dass viel dabei herauskam. Seltsamerweise gehörte ausgerechnet Stackelberg zu den Pionieren, die wichtige internationale Arbeiten aufgriffen, zum Beispiel die der britischen Sozialistin Joan Robinson. Ein wissenschaftlicher Stammvater von beiden war der französische Mathematiker Antoine-Augustin Cournot.

Cournot hatte sich Gedanken darüber gemacht, wie ein (ausgedachter) Monopolist für ein bestimmtes Heilwasser zu seinem Preis kommt. Das ist ein kluges Beispiel, aus zwei Gründen. Erstens kann man ein Heilwasser nicht einfach durch irgendein anderes Wasser ersetzen; der Unternehmer muss keine Konkurrenz fürchten. Zweitens kostet das Wasser den Unternehmer so gut wie nichts. Zugegeben, er muss vielleicht ein bisschen Werbung machen und eine Abfüllanlage kaufen, aber 1001 Flaschen kosten ihn auch nicht mehr als 1000. Sehr praktisch: Analysiert man ein Problem als Erster, dann muss man es zunächst so einfach wie möglich halten.

Zu Ehren von Cournot nennen wir den Heilwasser-Monopolisten Antoine. Wie viele Flaschen sollte Antoine nun verkaufen? So viele wie möglich? Das ergibt keinen Sinn: Zusätzliche Käufer bekommt er ja nur, wenn er den Preis senkt. Die meisten »Käufer« hat er, wenn er den Preis auf null senkt, aber dann ist der Erlös auch null. Zu hoch darf der Preis auch nicht sein, denn der Gewinn pro Flasche ist dann zwar großartig, aber vielleicht verkauft er überhaupt nur eine. Irgendwo zwischen diesen Extremen liegt die optimale Menge – seit Cournot kann man ausrechnen, wo genau.

Nun hängt die Nachfrage nach Heilwasser nicht nur vom Preis ab, sondern auch von anderen Faktoren. Da wird vielleicht der Ort, in dem die Quelle entspringt, durch eine neue Bahnlinie erschlossen. Darüber freut sich Antoine, er rechnet von neuem à la Cournot, und es ergeben sich: ein höherer Preis, eine größere Menge und ein höherer Gewinn. Wenn dem die Auswirkungen eines unerwartet kalten Sommers entgegenstehen, so dass weniger Touristen zur Quelle kommen, verkauft unser Antoine weniger. Und jetzt lassen wir noch etwas ganz Unangenehmes passieren: Eine zweite Quelle wird entdeckt, aus der Heilwasser mit genau den gleichen Eigenschaften sprudelt. Für den Cournot'schen Ex-Monopolisten Antoine ist das so ähnlich wie schlechtes Wetter: Weil da nun ein Konkurrent ist, der 500 Flaschen verkauft, ist die Nachfrage nach seinen eigenen Flaschen geringer. Seine eigene Menge und seinen Preis muss er neu berechnen. Das macht dann auch sein Konkurrent, nennen wir ihn Bernard. Nun produziert Bernard mehr als vorher. Wieder rechnet Antoine. Er füllt ein paar Flaschen weniger ab, Bernard daraufhin ein paar mehr. Irgendwann kommt dieser Prozess zu einem Ende: Wir haben ein Gleichgewicht erreicht.

Stackelberg fand diese Lösung nicht überzeugend. Das Wetter und der Konkurrent, beide sind wichtig für Antoine, aber es gibt einen wichtigen Unterschied. Nehmen wir zunächst das Wetter: Seit zehn Tagen hat Antoine seinen Regenschirm mitgenommen, und nie hat er ihn gebraucht. Nun, am elften Tag, vergisst er seinen Regenschirm – und prompt fängt es an zu regnen. Man könnte denken, da oben im Himmel sitze einer und warte nur darauf, bis er uns wirklich nass machen kann. Das ist ein lustiger Gedanke, aber niemand glaubt, dass es wirklich so ist. Das Wetter schert sich, nüchtern betrachtet, überhaupt nicht um Antoine.

Anders als Petrus schaut Bernard ganz genau darauf, was Antoine macht. Produziert Antoine weniger, will Bernard mehr Flaschen abfüllen. Warum kann Antoine das nicht einfach vorhersehen? Schachspieler halten die Züge ihres Gegners doch auch nicht für ein zufälliges Naturereignis. Jeder Schachspieler weiß, dass der Gegner den besten Zug sucht.

Stackelberg konnte nun zeigen, dass von solcher Voraussicht auch ein Unternehmen profitiert, das sich den Markt mit einem weiteren Konkurrenten teilt. Das vorausschauende Unternehmen produziert mehr und hat einen größeren Gewinn als das Unternehmen, das immer nur reagiert. (Stackelberg hätte sich 1934 kaum getraut, das vorausschauende Unternehmen »Stackelberg-Führer« zu nennen, den Begriff verdanken wir einer Rückübersetzung aus dem Englischen.)

Aber was ist, wenn Antoine *und* Bernard die Position des vorausschauenden Unternehmens einnehmen wollen? Wenn jeder so tut, als passe der Konkurrent sich der eigenen Entscheidung an, wenn sich aber keiner von beiden einfach nur anpasst – dann entsteht ein ziemliches Chaos. Ein Durcheinander, in das nach Stackelbergs Überzeugung am besten der faschistische Staat eingreift.

Und doch: Die SS-Kameraden nahmen ihm übel, dass er 1936 kirchlich heiratete, und Heinrich Himmler löste wenig später die »Baltische Brüderschaft« auf, eine Art elitärer Orden, dem Stackelberg angehörte. Dass er sich nicht mit allen Nazis gleich gut verstanden hat, haben wohlwollende Biografen zu seinen Gunsten ausgelegt. Nicht sehr ergiebig für seine Verteidiger war die Tatsache, dass er 1943 Deutschland verließ, denn er ging nach Madrid, in ein Land also, dem noch gut dreißig weitere Jahre Diktatur unter General Franco bevorstanden. Auch sonst passte Stackelberg bestens in das Land, Spanisch wird er schon früh von seiner Mutter gelernt haben, einer Argentinierin. Auch was das Äußere betraf, hatten die Gene der Mutter sich gegen den Vater aus deutschbaltischem Rittergeschlecht durchgesetzt, Stackelberg war ein schöner Mann mit dunklen Augen. Hätte er auf den zackigen Scheitel verzichtet und die schwarzen Haare nach hinten gekämmt, hätte man ihn für einen Tangosänger halten können.

1951 wäre er als Ordinarius für Wirtschaftstheorie an die Universität Bonn berufen worden, wo er der Rechts- und Staatswissenschaftlichen Fakultät seit 1960 als Dekan vorgestanden hätte. Im Jahr der Emeritierung 1970 wäre er mit dem Bundesverdienstkreuz ausgezeichnet worden und hätte noch zwei weitere Jahre den Vorsitz des Wissenschaftlichen Beirats beim Bundeswirtschaftsministerium innegehabt. Allerdings starb Heinrich von Stackelberg 1946 in Madrid an Lymphdrüsenkrebs.

Schumpeter betet zu den Hasen
JOSEPH ALOIS SCHUMPETER (1883–1950)

Joseph Alois Schumpeter war ein bisschen zu dick. Er hatte wulstige Lippen, kräftige, seltsam rund schwingende Augenbrauen und einen wässrigen Blick. Seine Ohren standen etwas ab. Sonst wirkte nichts an seinem Kopf markant, und genügend Haare, um mit einer geschickten Frisur über diesen Mangel hinwegzutäuschen, hatte er nicht.

Niemand, der Schumpeters Geschichte kennt, würde ihn so beschreiben, obwohl jedes Detail stimmt. Versuchen wir es also noch einmal: Joseph Alois Schumpeter hatte Augenbrauen, die durch eine Laune der Natur wirkten, als ziehe er sie gerade nach oben. Daher sah er stets aus, als höre er aufmerksam zu. Während Schumpeters volle Lippen nahezu aufdringliche Sinnlichkeit signalisierten, weckte sein kaum behaarter Kopf zärtliche und zunächst ganz unschuldige Gefühle vieler Damen. Frauen spielten für das Leben und das Sterben Schumpeters eine große Rolle, obwohl er nicht sein Leben lang ein Frauenheld blieb; er starb auch nicht etwa im Duell.

Über seine erste Lebenshälfte weiß man wenig Berichtenswertes, alles sah nach einer glatten österreichisch-ungarischen Akademikerkarriere aus. Die verdankte er seiner Mutter: Er war vier Jahre alt, als sein Vater starb; um ihrem Joseph eine gute Schulbildung zu ermöglichen, zog sie von Triesch, das heute Třešť heißt und in Tschechien liegt, nach Graz. Dann heiratete sie einen dreißig Jahre älteren General im Ruhestand, so dass der Sohn auf eine noch bessere Schule gehen konnte, auf das elitäre Theresianum in Wien. Dort studierte er auch und promovierte mit 23 Jahren; mit 24 heiratete er zum ersten Mal, und mit 25 legte er sein erstes Hauptwerk vor, *Das Wesen und der Hauptinhalt der theoretischen Nationalökonomie.* Der Titel ist Ausdruck eines kräftigen Selbstbewusstseins in einer Zeit, in der viele ältere Professoren nichts anderes vorlegten als Analysen, die lediglich Beschreibungen bestimmter Branchen in bestimmten Zeiträumen waren. Schumpeter dagegen will – wie Thünen – Abstraktion, die es erlaubt, mathematische Methoden einzusetzen und allgemeine Theoreme zu formulieren; als Nachbardisziplin der Ökonomik sieht er nicht etwa Soziologie oder Psychologie, sondern die Naturwissenschaften.

Die erste Professur erlangte er mit 27 in Czernowitz, heute Ukraine, wo er sich dann doch duellierte, und zwar mit dem Bibliothekar, aber es ging nicht um eine Frau. Schumpeter hatte so energisch verlangt, dass die Studenten besseren Zugang zu den Büchern haben sollten, dass sein Kontrahent ihn zum Duell forderte. Schumpeter war der bessere von zwei ungeübten Fechtern und fügte dem Gegner eine Verletzung an der Schulter zu, die es den Sekundanten erlaubte, den Kampf abzubrechen.

 1911 wurde Schumpeter Professor in Graz und vollendete das Werk, das ihn berühmt machen sollte: Die *Theorie der wirtschaftlichen Entwicklung.* Das wellenförmige Auf und Ab der Wirtschaft, der Konjunkturzyklus, ist komplizierter als eine Wasserwelle. Was passiert mit der spiegelglatten Oberfläche des Wassers in einem Aquarium, wenn wir einen Stein hineinwerfen oder das Aquarium kippen? Unter Physikern, die sich mit Strömungsmechanik befassen, löst diese Frage keine leidenschaftlichen Kontroversen aus. Sie können berechnen, was geschieht, weil die Wassermoleküle keine eigenen Interessen verfolgen.

Über Modelle der Konjunktur dagegen wird der Streit kaum je enden, denn sie müssen damit umgehen, dass die »Moleküle«, also Konsumenten und Unternehmen, sich überlegen, was für sie am besten ist und was die Zukunft wohl bringt: Wird sich eine weitere Investition lohnen? Kaufe ich ein Auto oder spare ich lieber? Ökonomische Modelle unterscheiden sich in ihren Annahmen darüber, wie solche Entscheidungen getroffen werden. Und sie unterscheiden sich darin, welches der Stein ist, der die Welle überhaupt anstößt. Bei Schumpeter ist es die Innovation – ein neues Projekt, ein neues Herstellungsverfahren, neue Absatzwege, irgendein Unternehmer hat eine Chance ergriffen und erzielt nun hohe Gewinne, ihm folgen Imitatoren, die auch mehr verdienen, genau wie die Arbeitskräfte (die in manchen Berufen oder in einigen Branchen knapp werden) und die Lieferanten, aber irgendwann erlaubt die Innovation keine besonderen Gewinne mehr. Wer das noch erwartet hat, wird enttäuscht, Kredite müssen zurückgezahlt werden, und es beginnt der Abschwung, wenngleich der Weg nicht zurück in die Ausgangslage führt, was ein weiterer Unterschied zwischen Konjunktur und Wasserwellen ist.

Schumpeters Theorie konnte sich nicht durchsetzen, sein 550 Seiten starkes Buch wird heute kaum noch gelesen – mit einer Ausnahme: Fünfzig Seiten verwendet er, um die Unternehmer realistisch zu zeichnen. (Zuvor konnte die ökonomische Theorie mit dem Unternehmer nicht viel anfangen, er war halt derjenige, dem die Produktionsmittel gehören und die Gewinne zufallen.) Aber was heißt schon realistisch? Eigentlich ist es ein Zauberspiegel, jeder Leser sieht genau sein eigenes Bild vom Unternehmer und vom Unternehmertum.

Wer in Unternehmern die wahren Träger des Fortschritts sieht, diejenigen, die nicht unbedingt Erfinder sind, die aber Erfindungen ummünzen in Verbesserungen für die Gesellschaft oder wenigstens für die Konsumenten – der kann sich durch Schumpeter bestätigt fühlen. Ohne Unternehmer, schreibt der, seien Erfindungen »bedeutungslos wie die Kanäle im Mars«.

Bestätigt sehen darf sich auch, wer in Unternehmern Zerstörer ausmacht, rücksichtslose Veränderer, Verdränger, die Gewohntes kaputtmachen um ihres eigenen Erfolges willen. Wenn Schumpeter Unternehmer als »ganze Kerle« bezeichnet, dann kann man das für abfälligen Spott halten oder für ein Loblied auf den Macho, geschickt überlässt Schumpeter das Urteil dem Leser.

Man findet auch den irrationalen Unternehmer, der völlig unökonomisch handelt, denn was ließe sich zusätzlich erwerben, was den Einsatz weiterer Zeit und Kraft rechtfertigen würde? Kaum zu erklären, wäre da nicht »Tatenlust«, die Freude an Macht und Gestaltung.

Schumpeters eigener Tatenlust genügen die frühen wissenschaftlichen Erfolge nicht. Die nächsten zehn Jahre muten an wie der Anfängerfehler eines Romanautors, der die falschen Drogen nimmt, es passieren einfach zu viele seltsame Dinge. Ausgerechnet Schumpeter, der mit Liebesabenteuern prahlt und sich in seinen Tagebüchern Notizen über Frauen macht, als sei er Juror in einem nie endenden Topmodel-Wettbewerb, setzt sich 1916 in Graz dafür ein, endlich Frauen zum Studium der Rechtswissenschaften zuzulassen. Der Kriegsgegner Schumpeter sendet einflussreichen Adligen Memoranden, in denen er für einen Separatfrieden Österreich-Ungarns mit den Alliierten wirbt. Der Frieden, der dann kommt, ist wirtschaftlich schwierig für die neue Republik Österreich, die zu viele Beamte und zu viele Schulden des großen Kaiserreichs geerbt hat. Schumpeter wird 1919 ihr erster Finanzminister.

In diesem Amt schadet ihm seine vielgerühmte Fähigkeit, die Standpunkte anderer nicht nur verständnisvoll aufzunehmen, sondern gelegentlich sogar selbst zu vertreten. So glauben die Sozialisten ernsthaft, Schumpeter werde ihre Ideen zur Verstaatlichung bestimmter Unternehmen unterstützen, was er nicht tut. Aber auch bei den Konservativen macht er sich keine Freunde: Schumpeter fordert eine einmalige Vermögensabgabe, um die Schulden zu tilgen. Er heckt mit Anna Sacher (der Hotelbesitzerin) und Max von Neumann (dem Bankier und Vater John von Neumanns) aus, wie die ungarische Opposition, die schließlich die Räteregierung stürzt, unterstützt werden könnte. Und er ist als einziges Regierungsmitglied strikt gegen einen Anschluss an Deutschland.

Politisch hat er also bald kaum noch Freunde. Die Wiener Gesellschaft provoziert er mit einem demonstrativ luxuriösen Lebensstil und mit Frauengeschichten jenseits der Konvention - keine seiner Beziehungen währt länger als die zu einer Prostituierten, die sich daher »Nelly Schumpeter« nennt. Nach nur sieben Monaten muss er das Amt des Finanzministers wieder aufgeben.

Doch er wird abgefunden: Schumpeter erhält eine Banklizenz, was ihn als Partner eines reichen, aber banklizenzlosen Kompagnons attraktiv macht. Nur wenige Jahre geht das gut. Schumpeter ist nicht zum Privatbankier geboren, er kauft und verkauft ungeschickt, vertraut den falschen Leuten, noch vor dem Konkurs der Bank muss er 1924 gehen. Die Abfindung in Höhe eines Jahresgehaltes reicht nicht aus, um seine persönlichen Schulden zu begleichen, und schon lange ist das kleine Vermögen aufgebraucht, das er 1907 und 1908 als erfolgreicher Verwalter des Vermögens einer ägyptischen Prinzessin erworben hatte. Ende des Romans.

Schumpeter kehrte in die Forschung zurück und begann mit Publikationen und Vorträgen, seinen Schuldenberg - ein Mehrfaches dessen, was ein Professor im Jahr verdiente - langsam abzutragen. Dann fand er die Liebe seines Lebens. Annie war eine junge Büroangestellte, Tochter der Hausmeisterin seiner Mutter, die sich für ihren Sohn eine standesgemäßere Verbindung gewünscht hätte. 1925 folgte Schumpeter einem Ruf an die Universität Bonn und heiratete Annie, was ihm eine Klage wegen Bigamie von seiner noch nicht geschiedenen ersten Frau einbrachte (de facto bestand diese Ehe schon über zehn Jahre nicht mehr).

1926 trafen ihn Schicksalsschläge: Seine geliebte Mutter, der er so viel verdankte, starb an einem Aneurysma, und Annie starb bei der Geburt ihres Kindes (das auch nur wenige Stunden überlebt). Zeit seines Lebens wandte sich Schumpeter in einer Art Gebet an die beiden verstorbenen Frauen, die er »Hasen« nannte, in seinen Tagebüchern sieht das etwa so aus:

Harvard, Mo. 23. – So. 29. X. 33
(…) Und ich scheide von dieser Woche und diesem Monat, der so rasch verflog und nicht unglücklich war, mit demütigem Dank an die Hasen, die mir so über Verdienst geholfen haben.

Ja, Harvard; schon 1932 hatte die Universität Schumpeter angeworben. Sein Exil war also keine Geschichte von plötzlicher Vertreibung und Flucht. Es ging ihm besser als den meisten Exilanten, die Sprache bereitete ihm keine Schwierigkeiten, mühelos schrieb er auf Englisch und hielt Vorlesungen: Seine erste Frau war Britin gewesen, und er hatte Forschungsaufenthalte in London, Cambridge, Oxford, New York und Harvard hinter sich.

Aber glücklich war Schumpeter nicht. Mehr und mehr vertiefte er sich in seine wissenschaftliche Arbeit, kein Wunder, dass er eine Ökonomin heiratete, die er in Harvard kennenlernte. Trotzdem wandte er sich noch an die »Hasen«, 1942 – er war immerhin schon fünf Jahre mit Elizabeth verheiratet – notierte er:

Im abgelaufenen Jahr habe ich zweifellos eine Talfahrt in Richtung Alter und noch unmittelbarer in Richtung Tod gemacht. Herz und Gehirn und Glieder, alles verschwindet (…) Ich weiß nicht, ob ich dagegen eine Menge machen kann, noch ob ich das wirklich will. Das einzige Bittgebet an die Hasen und Gott ist, dass es milde endet, nicht in grausamen Operationen, Paralysis und Siechtum, oh gebt mir diese Gnade!

Obwohl ihn außerdem noch der Krieg deprimierte, war Schumpeter nach wie vor produktiv und erfolgreich. Was ihm als Nebenwerk nicht besonders wichtig war, wurde sein größter Erfolg, ursprünglich auf Englisch geschrieben, übersetzt in mindestens fünfzehn Sprachen: *Kapitalismus, Sozialismus und Demokratie.* Schumpeter bezeichnete es als »Buch der Essays«, und in der Tat hängen die fünf Teile des Buches nicht besonders eng zusammen, man kann sie gut unabhängig voneinander lesen. Der erste Teil ist bis heute eine der lesbarsten Einführungen in die Marxistische Ökonomik. Nichtmarxistische Leser nimmt er auf dreierlei Weise für Marx ein: Er versichert ihnen, die »bolschewistische Praxis und Ideologie« verhalte sich zum Marxismus wie die »Praxis und Ideologie der Kirchenfürsten und Kriegsherren des Mittelalters« zur Religion der Galiläer. Er übersetzt die marxistische Terminologie in gewohntere Begriffe, was die Lektüre für Leser, die nicht *Das Kapital* auf dem Nachttisch liegen haben, sehr erleichtert. Und er lobt Marx für seine Analyse der enormen Fortschritte, die kapitalistische Unternehmer gebracht haben. Zustimmend zitiert er aus dem *Kommunistischen Manifest,* was Marx und Engels über die Bourgeoisie schreiben: Erst sie habe »bewiesen, was die Tätigkeit der Menschen zustande bringen kann. Sie hat ganz andere Wunderwerke vollbracht als ägyptische Pyramiden, römische Wasserleitungen und gotische Kathedralen«. Und weiter: »Die Bourgeoisie hat in ihrer kaum hundertjährigen Klassenherrschaft massenhaftere und kolossalere Produktionskräfte geschaffen als alle vergangenen Generationen zusammen.«

Obwohl Schumpeter offensichtlich den Analytiker Marx bewundert, stimmt er ihm in wichtigen Punkten nicht zu. Er kritisiert Marx' Krisen- und Zusammenbruchstheorie, nach der immer mehr Arbeitskräfte durch Maschinen ersetzt werden und immer mehr kleine Unternehmen in diesem Prozess nicht mithalten können: Schumpeter beklagt die Phantasielosigkeit, mit der ignoriert wird, dass neue Unternehmer mit neuen Produkten und neuen technischen Verfahren

in der Lage sind, an die Stelle der alten zu treten; nicht dass die Großen die Kleinen fressen, macht den Kapitalismus aus, sondern dass
das Neue das Alte ersetzt. Wenn man nichts über Schumpeter weiß,
so hat man doch schon den Namen gehört, den er diesem Phänomen
in seinem Buch gegeben hat: *creative destruction* (schöpferische Zerstörung).

Trotzdem hält es auch Schumpeter nicht für ausgemacht, dass der
Kapitalismus überlebt. Im zweiten Teil skizziert er seine eigene Theorie darüber, wie der Kapitalismus enden könnte: Die Unternehmen
gehen nicht an schwindenden Profiten zugrunde, doch sie wandeln
sich: Früher gab es eine Menge kleiner und mittlerer Unternehmen,
in denen der Unternehmer sowohl Eigentümer war wie auch Mana-
ger; er hatte eine charismatische Wirkung auf die Vorarbeiter und
war ein wandelndes Argument für das Privateigentum. Die Wahrnehmung von Unternehmen und Unternehmern ändert sich aber, wenn
sie von Konzernen abgelöst werden, die nicht von den Eigentümern,
sondern von angestellten Managern geleitet werden. Schumpeter ge-
steht auch diesen Unternehmen gewaltige Innovationskraft zu, aber:
»Selbst wenn die Riesenkonzerne alle so vollkommen geleitet wären, daß sogar die Engel im Himmel Beifall spendeten«, selbst dann
könnte das nicht die politischen Folgen dieser Entwicklung abwen-
den: Niemand außerhalb der Großkonzerne selbst wäre noch bereit,
für den Kapitalismus einzutreten. So wie die Macht der Könige und
der Päpste die alte Ordnung nicht erhalten konnte, so lassen sich
auch das Privateigentum und »das ganze Schema von bürgerlichen
Werten« nicht halten. Schumpeter lässt offen, ob der Sozialismus
sich aus allmählicher Bürokratisierung schleichend entwickelt oder
aus »farbigsten Revolutionen«, oder vielleicht auch gar nicht, denn
er betreibe ja Wissenschaft und beschreibe eine Tendenz, keine Pro-
phezeiung. Immerhin hat Schumpeter einen guten Grund, im nächsten Teil seines Buches zu fragen, ob der Sozialismus funktionieren
kann.

Als er Finanzminister war, hatte es die Wiener *Arbeiter-Zeitung* in
»Erstaunen« versetzt, »wie Schumpeter seine Reden immer dem Publikum anpasste: wie er vor dem Arbeiterrat fast wie ein Sozialdemokrat
und auf dem Bauerntag ganz wie ein Agrarier sprach«. Der sozial-
demokratischen Zeitung galt das als Indiz für Charakterlosigkeit, und
so sah das auch Karl Kraus, der ihn als »Austauschprofessor seiner
Überzeugungen« bezeichnete. Aber man kann in der Wandlungsfä-
higkeit auch ein Talent sehen. Dann ist Schumpeters Antwort auf die
Frage »Kann der Sozialismus funktionieren?«, die er in *Kapitalismus,
Sozialismus und Demokratie* gibt, der glanzvollste Nachweis seines Ta-
lents: Er braucht nicht verschiedene Reden, um das eine wie das andere Lager zu überzeugen, nein, in ein und demselben Text erscheint
er den Sozialisten als Sozialist und den Konservativen als konservativer Kritiker des Sozialismus.

Schumpeter schafft das durch den Einsatz von Ironie. Ironie in
der Wissenschaft ist alt, es gibt sie mindestens seit Sokrates, aber sie
ist selten. Wer ironisch ist, der meint nicht, was er schreibt. Die meisten Wissenschaftler wollen aber möglichst genau aufschreiben, was
sie meinen, das ist schwer genug, und sie finden, ironische Brillanz
ist zu teuer bezahlt, wenn der Text dadurch missverständlich wird.

Bei Sokrates ist die Sache noch einigermaßen klar. Wenn er im
Theaitetos-Dialog sagt: »Und gar keine schlechte Erklärung scheinst
du gegeben zu haben von der Erkenntnis, sondern die, welche auch
Protagoras gibt (...) Wahrscheinlich doch wird ein so weiser Mann
nicht Torheiten reden«, dann meint er das nicht – seit wann spräche
denn für Sokrates die Urheberschaft eines Argumentes für dessen
Gültigkeit? Was aber soll der Leser, der auf so etwas ja auch nicht vorbereitet ist, davon halten, wenn Schumpeter dem Ökonomen Enrico
Barone zustimmt und behauptet, dieser habe alle wesentlichen Fragen des Sozialismus gelöst: Die Produktionsanlagen gehörten dann
einer Zentralbehörde, und die brauche ja bloß die Verrechnungspreise
für Rohstoffe und alles andere, was die Fabriken benötigen, so fest-

oder sagt

zusetzen, dass die »Märkte geräumt sind«, das heißt, dass weder zu viel noch zu wenig produziert wird. Theoretisch sei das kein Problem, in der Praxis gewiss eine Herausforderung für die Bürokratie, aber es gebe ja auch Vorteile, zum Beispiel ein Ende der Unsicherheit darüber, was die Konkurrenz tun wird. Die Kosten für Anwälte, mit denen die Unternehmen bisher gegen den Staat und seine Organe kämpften, könne man sich nun auch sparen und diese Anwälte etwas Produktives tun lassen.

Soweit mag das Lesern, die von Schumpeter noch nichts anderes als dieses Buch kannten, nicht besonders ironisch erschienen sein. Aber er wird noch deutlicher: Wenn Einkommen als Anreiz für Leistung wegfällt, dann lasse sich das vielleicht durch eine Art Briefmarke ersetzen, die der Geehrte sich auf die Hose kleben könne – führe das zu genügend Prestige, dann erfülle auch das seinen Zweck. Und selbst wenn im Sozialismus weniger produziert werde – was gar nicht der Fall sein müsse –, dann heiße das nicht, dass weniger Bedürfnisse befriedigt würden, denn überzeugten Sozialisten schmecke ein sozialistisches Brot einfach besser, »und täte es selbst, wenn sie Mäuse darin fänden«. Und Arbeiter würden nicht mehr streiken oder allenfalls mit schlechtem Gewissen ob dieses antisozialen Angriffs auf den Reichtum der Gesellschaft.

Kurzum, der Sozialismus wird nicht funktionieren, könnte aber trotzdem kommen. Vielleicht erst dann, wenn der Kapitalismus dafür reif ist und die ohnehin bürokratisierten Großkonzerne durch eine schlichte Verfassungsänderung zu sozialistischen Betrieben werden, vielleicht auch schon in einem Zustand der »Unreife«, in dem die »Dinge und Seelen« noch unvorbereitet sind und es daher einer Revolution bedarf. Noch ein Grund für Schumpeter, deprimiert zu sein und zu fühlen, dass diese Welt nicht mehr seine war. Im Dezember 1948, nach einer erfolgreichen Rede, die er als Präsident der *American Economic Association* gehalten hatte, notierte er in seinem Tagebuch:

Danke, Hasen, für Eure Unterstützung und für eines der reichs-
ten Geschenke. Jeder erhob sich für meine Präsidentenrede. (...)
Danke, Hasen. Oh, gebt mir die Stärke. Oh Gott und Hasen. Und
lasst mich langsam an den Gedanken eines freiwilligen Todes ge-
wöhnen. Sollte ich sagen, verhelft mir zu einem freiwilligen Tod?
Oh Gott und Hasen, Danke. Segnet 1949, falls Ihr das wollt. Nicht
viel mehr als ein Jahr kann ich noch erwarten.

Das war eine präzise Vorhersage. Aber Schumpeter war nicht bang,
jedenfalls hatte er die Hasen in den Tagebüchern wiederholt gebeten:

Helft mir sanft in mein Grab.

Das taten sie am 8. Januar 1950. Was die Todesursache betraf, waren
sie allerdings wenig phantasievoll: Hirnblutung. Genau wie seine
Mutter starb Schumpeter an einem Aneurysma.

Von Neumann und der Preis atomarer Abschreckung
JOHN VON NEUMANN (1903–1957)

Dass John von Neumann gestorben ist, steht unzweifelhaft fest, seine letzten Tage sind gut dokumentiert. Ein Lieutenant Colonel der US Air Force hielt Wache in seinem Sterbezimmer – im Delirium sollte er keine Staatsgeheimnisse preisgeben können. Aber ist mit John von Neumann ein Ökonom gestorben? Immerhin hat er Wichtiges für die Wirtschaftswissenschaft geleistet, nur nebenbei zwar, aber für einen Ökonomie-Nobelpreis hätte es gereicht, wenn er nur alt genug geworden wäre. Und andere Disziplinen können ihn auch nicht ganz für sich in Anspruch nehmen, nicht die Physik, nicht die Informatik, nicht einmal die Mathematik.

John von Neumann wurde 1903 in Budapest geboren. Als er noch klein war und János hieß, glaubte er, so veranlagt wie er seien die anderen Menschen auch: Seine Mutter unterbrach einmal ihre Handarbeit und sah eine Weile nachdenkend in die Luft, da fragte er: »Mutti, was rechnest du gerade?« Er war nicht nur eine mathematische Begabung, er hatte auch ein phänomenales Gedächtnis. Verbürgt ist, dass er den Anfang von Dickens' Roman *Eine Geschichte aus zwei Städten* seitenlang auswendig wiedergeben konnte. Mit 23 hatte er drei akademische Abschlüsse, als Chemiker an der Universität Budapest, wo er sich nur zu den Prüfungen blicken ließ, in Zürich als Chemie-Ingenieur und als Doktor der Mathematik wiederum in Budapest.

Bald folgten die ersten Veröffentlichungen zur Mathematik, bei denen Laien schon den Titel nicht verstehen: *Zur Prüferschen Theorie der idealen Zahlen* etwa oder *Allgemeine Eigenwerttheorie Hermitescher Funktionaloperatoren*. Im Jahr 1928 aber schreibt er auf Deutsch einen Aufsatz mit dem Titel *Zur Theorie der Gesellschaftsspiele*. Darin löst er ein Problem, an dem um dieselbe Zeit zwei bedeutende Denker scheitern.

Der erste ist Emanuel Lasker, promovierter Mathematiker und Schachweltmeister von 1894 bis 1921. Ende der 1920er Jahre verdient er sein Geld mit Bridgeunterricht. In seinem Buch *Das verständige Kartenspiel* sucht er nach einer optimalen Strategie für das Pokern. Er glaubt, er bekomme wenigstens ein stark vereinfachtes Zwei-Personen-Pokern in den Griff, das er »Pokerette« nennt. Er nimmt an, dass es nur 13 unterschiedlich starke Blätter gibt. Dann kann man Poker ebenso gut nach dieser Regel spielen: Jeder der beiden Spieler bekommt eine Karte mit einer Zahl zwischen 1 und 13. Und dann muss jeder entscheiden, ob er wettet, dass er eine höhere Zahl hat als der andere. Recht umständlich rechnet Lasker aus, dass der erste Spieler setzen sollte, wenn er mindestens eine 9 hat, und passen sollte, wenn er ein schlechteres Blatt hat. Aber was ist mit dem Bluffen – dem Setzen bei schlechtem Blatt, in der Hoffnung, der andere werde passen? Für Lasker ist das etwas Irrationales, das sich bei vernünftigem Spiel nicht auszahlen kann.

Hier irrte Lasker: Gelegentlich ist es unbedingt erforderlich zu bluffen, sonst weiß der Gegner ja, welches Blatt ein Spieler mindestens hat, wenn er setzt. John von Neumann konnte zeigen, dass es wichtig und richtig ist, sich durch gelegentliches Bluffen unberechenbar zu machen.

Unterdessen zerbricht sich der junge Ökonom Oskar Morgenstern den Kopf über ein Problem ökonomischer Prognosen, das die Naturwissenschaften zu ihrem Glück nicht kennen. Die Sonnenfinsternis tritt ein, ob wir sie vorhersagen oder nicht. Eine Wirtschaftsprognose aber hat Einfluss auf die Wirtschaft selbst. Werden um 5 Prozent steigende Investitionen vorhergesagt, so kann gerade dies auslösen, dass sie um 10 Prozent steigen. Was also tun? Soll der Effekt der Prognose in der Prognose selbst berücksichtigt werden? Aber hat nicht auch das wieder eine Wirkung, die man vorhersehen müsste?

In einer Sherlock-Holmes-Geschichte von Arthur Conan Doyle findet Morgenstern eine Analogie, die nach seiner Meinung zeigt, dass das Problem unlösbar ist:

Sherlock Holmes flieht vor seinem Gegenspieler Professor Moriarty, der nicht nur böse und gefährlich ist, sondern auch so intelligent, dass er dem Meisterdetektiv ebenbürtig ist. Holmes sitzt in einem Zug nach Dover, und sein Plan war gewesen, von dort nach Frankreich überzusetzen. Er bemerkt aber, dass Moriarty ihn am Bahnhof gesehen haben muss. Mit einem Expresszug könnte Moriarty vor Holmes in Dover sein – es wäre das Ende von Sherlock Holmes, würde sein Feind ihn dort erwarten. Aber Holmes kann prognostizieren, dass Moriarty nach Dover fährt, und daher selbst schon in Canterbury aussteigen, der einzigen Zwischenstation. Allerdings könnte Moriarty das wiederum vorhersehen und selbst nach Canterbury fahren statt nach Dover. Wenn Holmes das vorhersieht, sollte er seinerseits nach Dover fahren. In welchem Fall Moriarty ... und so weiter. Ob Holmes den Ausstieg in Canterbury oder in Dover für klug hält, sein ebenso kluger Gegner wird ihn dort erwarten. Die Suche nach einer besten Strategie erscheint sinnlos.

Zehn Jahre später aber erkennt Oskar Morgenstern, dass John von Neumann in seinem Aufsatz eine Methode beschrieben hat, die eine Lösung dieses Problems verspricht. Die beiden Wissenschaftler sind als Exilanten in Princeton gelandet, so dass Morgenstern genug Gelegenheit hat, von Neumann zur Arbeit an einem gemeinsamen Buch zu überreden. *Spieltheorie und wirtschaftliches Verhalten* erscheint 1944 und revolutioniert mit einem Schlag die Analyse von Kooperation und Konflikt – die Spieltheorie ist seither unverzichtbar für die ökonomische Forschung. Man braucht sie, um Fragen wie diese zu beantworten: Schaffen es kleine Gruppen von Unternehmen, in ihrer Branche den Preis künstlich hochzuhalten? Oder tricksen sie sich gegenseitig mit Preissenkungen aus? Soll eine Firma ein Bauteil selbst herstellen, oder kann sie darauf vertrauen, es bei anderen Unternehmen in vernünftiger Qualität kaufen zu können?

Nicht dass von Neumann und Morgenstern selbst schon diese Fragen behandelt hätten, schließlich müssen sie in ihrem Buch erst einmal die Instrumente dafür entwickeln. Immerhin lösen sie ganz nebenbei Holmes' Problem: So wie man beim Poker weder *immer* bluffen noch ganz darauf verzichten sollte, so sollte Holmes mit einer bestimmten Wahrscheinlichkeit schon in Canterbury aussteigen. Er könnte zum Beispiel Würfel verwenden, um zu bestimmen, was er tut. Dann kann Moriarty noch so clever sein, er wird nicht vorhersehen können, wie die Würfel fallen, und er erwischt seinen Feind nur noch, wenn er Glück hat.

Es passt zu John von Neumann, dass ihn mathematische Probleme interessieren, die sich im wahren Leben stellen (oder stellen könnten). Er hört gern Radio bei der Arbeit, liebt Partys und ist häufig Gastgeber, ein freundlicher, aufmerksamer dazu, auch wenn er die Gäste gelegentlich eine Stunde oder zwei allein lässt und sich an den Schreibtisch zurückzieht. Er fährt gern Auto, allerdings legendär schlecht oder wenigstens unbekümmert. Ungefähr ein Auto pro Jahr soll dem zum Opfer gefallen sein, und eine Straßenecke in Princeton, die mehrfach Schauplatz dieser Missgeschicke war, hieß bei Insidern »Von Neumann Corner«.

Für die meisten Ökonomen ist von Neumann derjenige, der die moderne Wirtschaftswissenschaft mit seiner Spieltheorie entscheidend geprägt hat (Oskar Morgenstern wird allgemein das Verdienst zugeschrieben, von Neumann dazu überredet zu haben). Viel weniger bekannt ist sein mathematisches Modell einer wachsenden Wirtschaft, das seit seiner Veröffentlichung 1937 von den wenigen Experten, die es verstehen, bewundert wird, das sonst aber wenig bewirkt hat. Jedenfalls wollte von Neumann mit dieser theoretischen Arbeit der praktischen Politik weder helfen noch sie beeinflussen.

Militärhistoriker kennen einen ganz anderen John von Neumann. Er forschte über Detonationswellen und unterstützte das Ballistic Research Laboratory. Vor allem aber war er noch während der Arbeit am Spieltheorie-Buch als mathematischer Berater des Manhattan-Projekts an der Entwicklung der Atombombe beteiligt. Geht es um Atomwaffen, kann man im Labor wenig einfach ausprobieren, so dass die USA sehr davon profitierten, dass von Neumann vieles berechnen konnte. Er war auch Mitglied des neunköpfigen Zielkomitees, das Hiroshima und Nagasaki für die beiden ersten Atombomben aussuchte. Unmöglich, die Toten zu zählen (200.000 schätzte man später); Japan war zur Kapitulation gezwungen.

Die Entwicklung der Atombombe war unter den führenden amerikanischen Wissenschaftlern nicht umstritten gewesen. Zu groß war die Angst, Hitler könnte diese Waffe als Erster haben.

Und die Angst endete nicht mit dem Zweiten Weltkrieg. 1949 gelang der Sowjetunion der erste Atombombentest. In den USA plädierten einige Wissenschaftler mittlerweile für Abrüstung und Atomwaffenkontrolle. Ihnen standen die Hardliner gegenüber, zu denen auch von Neumann gehörte, für den schon während des Zweiten Weltkriegs die Sowjetunion nicht Verbündeter, sondern Feind war. Von Neumann war Sohn eines wohlhabenden Bankiers – die Familie hatte 1919 für einige Monate vor einer kommunistischen Räteregierung aus Budapest flüchten müssen. Diese Regierung und das Exil im Feriendomizil der Familie an der Adria währten zwar nur einige Monate, aber die Erfahrung war prägend für den fünfzehnjährigen János. Noch als Fünfzigjähriger sagte er: »Im allgemeinen wird man bei den Ungarn gegenüber Russland Angst und Abneigung finden.«

Wäre es nach von Neumann gegangen, dann hätten die USA die Sowjetunion mit einem atomaren Erstschlag angegriffen, um zu verhindern, selbst angegriffen zu werden. Obwohl sich diese Idee nicht durchsetzte, blieb von Neumann ein geschätzter Berater in Fragen der Rüstungspolitik und der Nuklearforschung. So trug er zur Entwicklung der Wasserstoffbombe bei, die im Vergleich zur Atombombe etwa das Tausendfache an zerstörerischer Energie freisetzt.

Von Neumann liebte die Arbeit für das Militär, was sich nicht nur patriotischer Verbundenheit mit der neuen Heimat verdankte, sondern auch seinem manchmal kindischen, manchmal pennälerhaften Wesen. Mit ungeniertem Interesse versuchte er, einen Blick unter die Röcke der Sekretärinnen am Atomforschungszentrum in Los Alamos zu erheischen. Technisches Spielzeug begeisterte ihn genauso wie Uniformen und der Armeehubschrauber, der ihn gelegentlich vom Institut abholte. Wie hätte dieser Mann das Angebot ausschlagen sollen, sich 1946 einen Atomwaffentest auf dem Bikini-Atoll anzusehen?

Man kann nicht wissen, ob von Neumann länger gelebt hätte, wenn er der erhöhten Strahlung nicht ausgesetzt gewesen wäre. Man weiß aber, dass er das Strahlungsrisiko atomarer Technologien genau kannte und fand, man solle es in Kauf nehmen und zu den 30.000 bis 40.000 tödlichen Unfällen pro Jahr ins Verhältnis setzen, mit denen die Annehmlichkeiten des Autoverkehrs in den USA erkauft würden. Zwar gab es 1954 ein Unglück bei einem Test auf dem Bikini-Atoll, als die Sprengkraft der Wasserstoffbombe zweieinhalbmal stärker war als berechnet und dann noch der Wind drehte. Ein japanischer Fischer, den es auf dem Kutter »Glücklicher Drache« erwischte, starb unmittelbar daran, zweihundert Menschen wurden verstrahlt, aber schließlich seien, so von Neumann, bei einem Fährunglück in Japan ungefähr tausend Menschen umgekommen, darunter zwanzig Amerikaner – trotzdem sei es der radioaktive Niederschlag, der weltweite Aufmerksamkeit erhält. Der Verlust internationaler Popularität sei ein Preis, den die USA zahlen sollten.

1955 erfuhr er, dass er Knochenkrebs hatte. Es ist schwer zu sagen, was für John von Neumann schlimmer war: die Schmerzen oder das Gefühl nachlassender geistiger Kräfte, als der Krebs auch das Gehirn angriff, obwohl er im Krankenhaus mit seinem Bruder noch Passagen aus dem *Faust* rezitierte, die er seit dem Deutschunterricht in der Schule nicht vergessen hatte. Nichts vermochte das Grauen des bevorstehenden Todes zu mindern, nicht die Freiheitsmedaille, die er im Rollstuhl sitzend 1956 von Präsident Eisenhower entgegennahm, nicht seine alte Einsicht, dass es Gott vermutlich gebe, weil viele Dinge dann leichter zu erklären seien, und es half auch nichts, dass er sich dem Katholizismus zuwandte und sich einen intellektuell ebenbürtigen Priester als Gesprächspartner wünschte. Er starb am 8. Februar 1957 im Alter von 53 Jahren.

Schmölders' Traum von Amerika
GÜNTER SCHMÖLDERS (1903–1991)

Was geschieht Ende des 20. Jahrhunderts, wenn ein Professor nach vielen Jahren im Ruhestand stirbt? Ungefähr Folgendes: Während einer gewissen Zeit der Trauer bleibt sein häusliches Arbeitszimmer so, wie es ist. Aber dann, nach einigen Monaten oder Jahren, beginnt die Witwe, das Gewicht des vielen Papiers zu spüren. Bücher, lose wissenschaftliche Zeitschriften, gebundene Zeitschriften, maschinen-geschriebene Dissertationen, Ordner mit Sitzungsprotokollen. Wo-hin damit? Sie entschließt sich, den Nachlass uneigennützig der Uni-versität zu stiften. Im Adressbüchlein des Verstorbenen findet sie die Nummer von Dr. W., dem Leiter des Universitätsarchivs. Es mel-det sich aber nicht Dr. W., sondern jemand, der gar nicht weiß, dass unter seiner Nummer einmal ein Archiv zu erreichen war, und der auch nicht glaubt, dass es dieses Archiv überhaupt noch gibt. Er bie-tet eine schnelle Suche nach dem Stichwort »Universitätsarchiv« auf den Internetseiten der Universität an. Als sie erfolglos bleibt, gibt er der staunenden Witwe die Telefonnummer der Dekanin der Fakultät. Die könnte den Nachlass vielleicht übernehmen.

Die Witwe überlegt, ob ihr in ihrem langen Leben die weibliche Form des Wortes »Dekan« vorher jemals untergekommen war, und ruft schließlich an. Die Dekanin entpuppt sich als eine Person, die mit dem Namen des Verstorbenen nichts anzufangen weiß. Trotzdem erklärt die Witwe, was sie anzubieten hat. Die Dekanin erklärt, weshalb die Fakultät kein Interesse hat: Es fehlten ohnehin schon Räume, und die vielen Sonderdrucke, die ihr Mann gesammelt habe, benötige niemand, denn all diese Aufsätze stünden mittlerweile bequem zum Download als PDF-Datei zur Verfügung. Und der Samuelson zum Beispiel sei zwar ein Standardwerk, aber gewiss schon in neuerer Auflage und in ausreichender Stückzahl in der Bibliothek vorhanden. Die Zeiten hätten sich geändert. Sie empfiehlt einen Antiquar. Der kommt ins Haus und bietet einen dreistelligen Betrag für eine vierstellige Zahl von Büchern, aber nur unter der Bedingung, dass er das sonstige Papier nicht mitnehmen muss. Das fährt der kräftigste der fünf Enkel zum Recyclinghof.

So oder ähnlich spielt es sich hundertfach ab. Interessant ist ein Forschernachlass erst, wenn der Forscher wirklich bedeutend war. Dann hat man sogar die Wahl, wer all das Papier bekommen soll. So wie Günter Schmölders die Wahl hatte – die er nicht seinen Nachkommen überließ. 176 weinkistengroße Manuskriptboxen umfasste sein Nachlass zu Lebzeiten: Schmölders war enorm fleißig, rund fünfzig Bücher (zu denen er sorgfältig die Rezensionen sammelte) und über vierhundert Artikel hatte er vorzuweisen. Sechs Jahre vor seinem Tod ließ er sie nach Amerika schicken, zur Hoover Institution an der Stanford University. Eine seltsame Wahl, denn die meisten Amerikaner können mit dem Inhalt nichts anfangen: Nur ein Büchlein und sechzehn Artikel schrieb Schmölders auf Englisch, meist wenige Seiten lange Nebenwerke. Die Fremdsprache war eine große Hürde, und niemand half ihm hinüber: »Meine Bücher sind ins Türkische, Japanische, Koreanische, ins Italienische, ins Französische und in zahlreiche andere Sprachen übersetzt worden, aber nie ins Englische«, klagte er.

Heutzutage spielt sich ökonomische Forschung ausschließlich auf Englisch ab, aber in Schmölders' akademischen Lehrjahren war das anders. Als 1928 die damals schon altehrwürdigen *Jahrbücher für Nationalökonomie und Statistik* seinen Aufsatz *Kriminalität und Konjunktur* veröffentlichten, war nicht nur jeder der sechs Beiträge des Heftes auf Deutsch: Keiner von ihnen verwies auf eine englische Quelle. Das wäre Schmölders auch schwergefallen, 1928 konnte er noch kaum ein Wort Englisch, erst im August jenes Jahres begann er, es sich mithilfe des *Langenscheidt* beizubringen – dafür nahm er sich die elf Tage, die der Dampfer nach New York brauchte.

Seine Voraussetzungen dafür, sich die neue Sprache anzueignen, waren eigentlich gut, in seiner Jugend hatte er Latein, Griechisch, Französisch und Norwegisch gelernt. Er mag auch ein wenig vom Talent seines Großvaters geerbt haben, eines Orientalisten, der 22 Sprachen beherrschte, so dass die Universität Breslau ihn durch drei Nachfolger ersetzen musste, als er 1880 starb. Aber elf Tage sind furchtbar wenig, und mit der Aussprache kam Schmölders einfach nicht zurecht, kein Wunder bei einer Sprache, in der sich »wine« nicht auf »magazine« reimt und »beer« auf »hear«, aber nicht auf »bear«.

Schmölders überquert den Atlantik nicht, um sich mit US-amerikanischen Forschern auszutauschen. Zwei Jahre zuvor hatte er über Alkoholprohibition in Skandinavien promoviert, jetzt sollte eine große Studie über die Ursachen und ökonomischen Folgen der Prohibition in Amerika folgen.

Er hatte Glück: Zur Zeit seiner Forschungsreise zeigten sich schon die Probleme des Alkoholverbots. Zwar waren die einschlägigen Statistiken nicht ideal; in einigen Städten galt als betrunken, wer »Wesleyan Methodist« nicht mehr aussprechen konnte, während anderswo auf die klassischen Indizien zurückgegriffen wurde: schwankender Gang und Fahne. Wie auch immer, Schmölders nahm, was er kriegen konnte, und war am Ende imstande, ein ziemlich klares Bild zu zeichnen: Als die Prohibition 1920 in Kraft trat, schien sie Gutes zu bewirken, es wurde tatsächlich weniger getrunken, und so gab es weniger Verhaftungen wegen Trunkenheit und eine geringere »Trunksuchtsmortalität«. Aber dann entwickelten sich die illegale Produktion, die Flüsterkneipen, der Schmuggel. Die Begleiterscheinungen des Alkoholkonsums kehrten fast auf das alte Niveau zurück. Noch dazu konnte Schmölders in den USA einige hässliche Begleiterscheinungen jeder Untergrundökonomie beobachten: Es kommen minderwertige Ersatzdrogen in Umlauf, in diesem Fall vor allem Methylalkohol, an dem viele arme Teufel starben oder erblindeten. Die Anreize, zu bestechen und sich bestechen zu lassen, sind groß: Jeder ehrliche Beamte der Prohibitionsbehörde in Philadelphia, so rechnete Schmölders vor, koste die Schwarzbrenner jährlich zehn Millionen Dollar, verdiene selbst aber nur zweitausend. Zudem schritt die Justiz natürlich nicht ein, um Schwarzmarkthändler zu schützen, also wurden Vereinbarungen und Machtansprüche mit Gewalt durchgesetzt. Das erlebte Schmölders aus nächster Nähe, als ihn eine Detonation aus dem Schlaf riss: Eine Bombe der Konkurrenz hatte die Flüsterkneipe direkt neben seinem Chicagoer Hotel zerstört.

Gründe dafür, dass die Prohibition sich trotzdem so lange – noch bis 1933 – halten konnte, gibt es viele, ebenso dafür, dass es zu diesem Verbot überhaupt hatte kommen können. Besonders bissig umriss Schmölders die Rolle des Protestantismus, »puritanisch in seinen Gedankengängen und Moralanschauungen, fanatisch und intolerant bis zur Lächerlichkeit in seinem Kampf gegen religiöse Gleichgültigkeit und fremde, moderne Gedanken«. Die persönliche Entscheidung über den eigenen Alkoholkonsum wurde zu etwas fast Religiösem: »Bekehrt« war, wer ein »Abstinenzgelübde« abgelegt hatte.

Dazu kam, dass die Bierbrauer sich aus Deutschen oder Deutschstämmigen rekrutierten, so dass ihre Lobby, die ohnehin ungeschickt agierte, während des Ersten Weltkriegs einen besonders schweren Stand hatte. Und Politiker, die persönlich keinerlei Neigung zur Abstinenz hatten, traten oft genug trotzdem öffentlich für die Prohibition ein – sei es, weil sie meinten, dass Alkoholprobleme Sache von Arbeitern und Schwarzen waren, sei es aus wahltaktischen Gründen. Mit anderen Worten: Sie wählten ihre Position bewusst so, dass sie ihnen nutzte. Jedenfalls war dies die Prämisse, von der Schmölders ausging, um Politik zu verstehen. In der zweiten Hälfte des 20. Jahrhunderts wurde dieser Ansatz als »Ökonomische Theorie der Politik« oder *Public Choice* ein bedeutender Zweig der ökonomischen Forschung. Nicht zum letzten Mal war Schmölders seiner Zeit voraus.

Was er allerdings während des Nationalsozialismus publizierte, wirkt auffällig uninspiriert. Allein verfasste Texte sind immerhin frei von Nazi-Jargon, bei Arbeiten mit Koautoren ist das nicht unbedingt der Fall (mit dem Kollegen Alfons Schmitt klagt er kurz vor dem Krieg über die »politische Hetze« von »sogenannten« Demokratien wie den Vereinigten Staaten gegen den Absatz deutscher Waren, doch nach »Schaffung des Großdeutschen Reiches und dem Zerfall des tscheo-slowakischen Sperrstaates« konnte die Außenhandelspolitik immerhin insbesondere im europäischen Südosten Fuß fassen, »in vielfacher Beziehung das natürliche Einfluss- und Ergänzungsgebiet der großdeutschen Volkswirtschaft«).

Durch Eintritt in die NSDAP hatte Schmölders Störungen seiner akademischen Karriere vorgebeugt; der ersten Professur in Breslau ab 1934 folgte 1940 ein Ruf nach Köln. Bald danach jedoch finden wir ihn als Mitglied des *Kreisauer Kreises* um Helmuth James Graf von Moltke und Peter Graf Yorck von Wartenburg, einer Widerstandsgruppe, in der über die Gesellschaftsordnung nach dem Umsturz des Nationalsozialismus diskutiert wurde. Schmölders fungierte als ökonomischer Berater und war als künftiger Staatssekretär im Finanzministerium vorgesehen. Sein Militärdienst verhinderte, dass er in den engeren Kreis derjenigen geriet, die verhaftet und hingerichtet wurden.

Nach dem Krieg gab es einige deutsche Ökonomen, deren Forschung international wahrgenommen wurde. Fast ausnahmslos aber gehörten sie zu den über zweihundert Wirtschaftswissenschaftlern, die nach 1933 ins Exil gegangen waren, die meisten in die USA. Wenige kehrten nach Deutschland zurück. Woher also sollte die Inspiration kommen? Kein Wunder, dass deutsche Universitäten in den 1950er Jahren wenig erinnernswerte ökonomische Forschung hervorbrachten. Natürlich gab es Ausnahmen, vereinzelte Pflänzchen auf sandigem, trockenem Boden. Heinz Sauermann zum Beispiel, der als einer der Ersten beobachtete und analysierte, wie Menschen sich in planvoll angelegten ökonomischen Experimenten verhielten. Eine weitere Ausnahmeerscheinung war Günter Schmölders.

Will man seine Bedeutung verstehen, muss man wissen, dass die Ökonomen sich damals zwar mit Konsumenten und anderen Individuen in der Volkswirtschaft befassten, aber nicht mit realen, sondern nur mit modellhaften Rekonstruktionen. Die Forscher gingen davon aus, dass Firmen und Konsumenten (später auch Politiker und Bürokraten) stets versuchten, ihre Ziele so gut wie möglich zu verfolgen, und überlegten, wie sie selbst das anstelle eines Konsumenten oder eines Managers machen würden. Der englische Ökonom Ely Devons drückte es so aus: Würden Ökonomen Pferde erforschen, sie würden keine Pferde beobachten, sondern in ihren Studierstuben sitzen und sich fragen: Was würde ich tun, wenn ich ein Pferd wäre?

Schmölders dagegen wollte wissen, wie Menschen tatsächlich zu ihren ökonomischen Entscheidungen kommen. Dazu befragte er sie, oder, genauer, er ließ sie befragen: zum Sparen und zum Schuldenmachen, zur Belastung durch Steuern (wobei die Wahrnehmung häufig nicht viel mit der Realität zu tun hatte) oder zur Steuerehrlichkeit. Ein besonderer Coup gelang ihm 1958: Er konnte alle 27 Mitglieder des Finanzausschusses befragen, dazu einen repräsentativen Querschnitt der deutschen Parlamentarier, insgesamt waren es 92 Politiker.

Leider sind viele seiner Fragen ziemlich spezifisch für die damalige Zeit: Von 1953 bis 1957, besonders 1956, erzielte der Staat Haushaltsüberschüsse. Eine heiß diskutierte Frage war, wie mit den Überschüssen umzugehen sei. Ausgeben? Die zusätzliche Nachfrage könnte die Inflation verstärken. Bei der Zentralbank dauerhaft stilllegen, also auf ewig dem Finanzminister entziehen? Dass »Geldvernichtung« eine Volkswirtschaft nicht unbedingt ärmer macht, entzog sich der Vorstellungskraft vieler Abgeordneter. Tatsächlich geschah Folgendes: Die Überschüsse wurden vorübergehend stillgelegt, später aber ausgegeben. Das entpuppte sich als Musterbeispiel für antizyklische Konjunkturpolitik, deren Idee ist, dass der Staat gerade dann als Nachfrager einspringt, wenn es der Wirtschaft schlecht geht, während er sich bei gut laufender Wirtschaft mit hohen Steuereinnahmen zurückhält. Dass dies Ende der fünfziger Jahre so gut geklappt hat, hielt Schmölders allerdings für einen glücklichen Zufall. Die meisten Abgeordneten hätten die volkswirtschaftlichen Zusammenhänge überhaupt nicht durchschaut. Besonders diejenigen, die nicht von Hause aus Wirtschaftsexperten waren, entwickelten ihre Haltungen nicht aus der Analyse, sondern aus Schlagworten und Parolen: »Das Geld muss arbeiten«, »Geld macht sinnlich«, »heilsame Atempause« oder »das Geld soll in der Wirtschaft bleiben«, so etwas nannte Schmölders »abgestempelte Passierscheine für (...) normierte Gedanken und Gefühle«. Allerdings kritisierte er die Abgeordneten nicht, generell verlange das moderne Leben nun einmal gedankliche Abkürzungen durch »vorgeprägte Formeln«. Solche Abkürzungen wurden vierzig Jahre später als »Heuristiken« zu einem populären Objekt der wirtschaftspsychologischen Forschung.

Wissenschaftlich war Schmölders zwar ein Revolutionär oder wenigstens ein Pionier, politisch aber war er ein Konservativer. Eine freundliche Bemerkung, die ihm Konrad Adenauer bei einem Staatsempfang gönnt - »Na, jut durchjekommen?« -, wird Schmölders später zum Titel seiner Autobiografie machen. Dieses Buch ist teilweise eine dröge Bilanz seiner akademischen Karriere, der Bericht über die Rechercherreise in die USA aber gehört zu den lebendigen, lesenswerten Teilen. Die Erfahrungen mit der Alkoholprohibition gehörten zu den prägenden Ereignissen seines Lebens, er sah sie als Beispiel dafür, wie staatliche Eingriffe etwas anderes bewirken, als sie bezwecken.

Schmölders starb mit 88 Jahren, und wie viele Menschen, die ein gesegnetes Alter erreichen, musste er erleben, dass die Dinge sich ändern. Die *Jahrbücher für Nationalökonomie und Statistik* heißen heute *Journal of Economics and Statistics*, alle Beiträge sind auf Englisch geschrieben, praktisch sämtliche Forschungsliteratur, auf die verwiesen wird, ist auf Englisch. So wie man 1928 als deutscher Professor gut allein mit Deutsch auskam, so kommt man heute gut allein mit Englisch aus. Viele jüngere deutschsprachige Ökonomen haben keine einzige Zeile auf Deutsch veröffentlicht.

Bei dem wichtigsten Treffen der deutschen Volkswirte wird jedes Jahr ein Preis vergeben, der nach Schmölders benannt ist, in Amerika blieb er ein Unbekannter. Dass er seinen Nachlass nach Amerika gegeben hat, war rational kaum zu erklären, passt aber gut zu Schmölders, der der Psychologie den Weg in die ökonomische Forschung geebnet hat. Aber das, was er nie erreichte, Erfolg in den USA, ist auch seinem Nachlass nicht vergönnt: Nur etwa alle zehn Jahre wünscht jemand in der Hoover Institution, einen Blick in eine seiner 176 Kisten zu werfen.

Vickreys sehr kurze Freude über den Nobelpreis
WILLIAM VICKREY (1914–1996)

Eines schönes Tages Mitte der 1960er Jahre befestigte William Vickrey, Ökonomieprofessor an der New Yorker Columbia University, einen Sender unter der Motorhaube seines Autos. In seinem Haus schloss er einen passenden Empfänger an einen primitiven Computer an, der registrierte, wann das Auto die Auffahrt verließ oder erreichte. Die Liste druckte er gelegentlich aus – und das war keine Spielerei. Vickrey wollte demonstrieren, dass man Autofahrer für die Benutzung von Straßen bezahlen lassen kann, ohne sie an Mautstationen anhalten zu lassen. Mautstationen konnte Vickrey nicht leiden. Sie dienen eigentlich einem guten Zweck, nämlich die Zahl der Autos auf den Straßen zu reduzieren und damit Staus zu verhindern, aber sie erreichen das Gegenteil: Staus vor Mautschranken.

Doch was hatte Vickrey gegen Staus? Er war ein neoklassischer Ökonom, der davon ausging, dass die Menschen rational handeln und – so gut sie eben können – ihre Ziele verfolgen. Wer morgens um acht in New York Auto fährt, weiß, dass er langsam vorankommt. Fährt er trotzdem, akzeptiert er den Preis in Form der Zeit, die ihn das kostet. Er glaubt also, dass sich die Fahrt für ihn lohnt. Wo ist das Problem? Glauben die Neoklassiker nicht, dass sich aus den Entscheidungen der einzelnen Autofahrer auf magische Weise schon ein Optimum ergeben werde? Nein, das glauben die meisten von ihnen nicht, obwohl ihnen das immer wieder unterstellt wird. Das Problem ist, dass ein Autofahrer in der Rushhour gar nicht alle Kosten selbst trägt, die er verursacht. Er bürdet auch denen, die hinter ihm stehen, zusätzliche Wartezeit auf. Wenn jeder allein vor sich hin optimiert, kommt für die Gesellschaft noch lange nicht das Beste heraus. Was also tun?

Vickrey war ein Anhänger von »Spitzenlastpreisen«, von Preisen, die höher sind, je mehr Leute die Straße nutzen wollen. Der Preis sorgt dann dafür, dass die Straßen nicht mehr überfüllt sind, weil einige Autobesitzer es sich anders überlegen: Wer nicht unbedingt morgens um acht Uhr fahren muss, für den lohnt es sich, auf zehn oder elf Uhr auszuweichen oder das Auto gar nicht zu nutzen. Dass das geht, machte Vickrey selbst vor: Genervt von Staus, fuhr er meist das erste Stück zur Universität mit der Bahn, von der Station 116th Street dann weiter auf Rollschuhen über den Campus.

Seinen Kollegen ist er nicht nur als Rollschuhfahrer in Erinnerung. Jede Fakultät hat einen Professor, der bei Vorträgen einschläft oder einzuschlafen scheint, der aber im Anschluss die treffendsten Fragen stellt. An der Columbia University war das William Vickrey, dem diese Fähigkeit zum Abschalten einen »Rip van Winkle Award« einbrachte, benannt nach dem Protagonisten von Washington Irvings Kurzgeschichte, in der van Winkle als Bürger der englischen Kolonie New York in einen zwanzigjährigen Zauberschlaf fällt, in den Vereinigten Staaten von Amerika aufwacht und Schwierigkeiten hat, sich zurechtzufinden. Vickrey allerdings war seiner Zeit eher voraus, viele seiner Ideen wurden erst nach Jahrzehnten verstanden und anerkannt.

Er war 82 Jahre alt, als er am 8. Oktober 1996 erfuhr, dass er gemeinsam mit James Mirrlees den Nobelpreis für Ökonomie erhalten werde - für »ihre grundlegenden Beiträge zur Theorie der Anreize unter asymmetrischer Information«. Einem Freund, der ihn anrief, um ihm zu gratulieren, gestand er, dass er das auch nicht genau verstehe und nicht wisse, auf welche seiner Forschungsarbeiten sich das beziehen solle, und fragte lieber, woran er, der Gratulant, denn gerade so arbeite und wie es seiner Familie gehe … Fest steht aber, dass Vickrey für seine älteren, mathematischen Arbeiten ausgezeichnet wurde.

Ein Beispiel für ein ökonomisches Problem, das ohne Mathematik nicht lösbar ist, ist die Auktion mit schriftlichen Geboten. Nehmen Sie an, ein Bild, das Sie gern hätten, wird nach dieser Regel versteigert: Sie schreiben Ihr Gebot auf einen Zettel und geben ihn dem Auktionator, dasselbe tun die anderen Bieter. Sobald der Auktionator alle Gebote eingesammelt hat, bekommt derjenige, der am meisten geboten hat, das Bild. Der Preis ist der Betrag, den er auf den Zettel geschrieben hat.

Ihre Schmerzgrenze sind, sagen wir, 1000 Euro. »Schmerzgrenze« heißt: Würde das Bild in einem Laden 1000 Euro kosten, dann würden Sie es wohl noch kaufen, bei einem Preis von 1001 Euro aber schon nicht mehr. (Ökonomen haben kein Problem damit, diese Schmerzgrenze »Wertschätzung« zu nennen.)

Sie befinden sich nun aber nicht in einem Laden, sondern Sie überlegen, wie viel Sie in dieser Auktion bieten sollen. 1000 Euro? Aber freuen Sie sich dann wirklich, wenn Sie die Auktion gewinnen? 1000 Euro ist doch gerade Ihre Schmerzgrenze. Also weniger. 900 Euro? 800 Euro? Je weniger Sie bieten, desto größer ist die Freude, wenn Sie gewinnen, aber desto geringer ist auch die Wahrscheinlichkeit, *dass* Sie gewinnen. Sie wissen ja nicht, was die anderen bieten, Sie haben höchstens Vermutungen, welche Gebote mit welcher Wahrscheinlichkeit vorkommen. Diese Vermutungen reichten Vickrey, um auszurechnen, welches das optimale Gebot für jeden Bieter ist und welchen Erlös der Auktionator erwarten darf. Er hat auch gezeigt, dass andere Auktionsregeln für den Auktionator weder besser noch schlechter sind.

Hier ein Beispiel für eine solche andere Regel. Wieder reicht jeder sein Gebot schriftlich ein, wieder sucht der Auktionator das höchste Gebot heraus, aber er zahlt nicht den Betrag, den er auf den Zettel geschrieben hat. Der Preis ist nur so hoch wie das *zweithöchste* Gebot. Solche Auktionen heißen heute »Vickrey-Auktionen«, auch wenn es sie schon gab, bevor Vickrey sie analysiert hat.

Man könnte denken, der Auktionator verschenkt bei Vickrey-Auktionen etwas. Tut er aber nicht, denn alle Gebote sind bei dieser neuen Regel höher. Denken Sie noch einmal an das Bild, das Ihnen 1000 Euro wert ist. Kann es sein, dass es dann vernünftig ist, 900 Euro zu bieten? Nein, unter keinen Umständen. Nehmen Sie an, die 900 Euro reichen, um die Auktion zu gewinnen, weil das zweithöchste Gebot nur 800 Euro betrug. Wie viel zahlen Sie? In einer Vickrey-Auktion 800 Euro – derselbe Betrag, den Sie auch gezahlt hätten, wenn Sie 1000 Euro geboten hätten. Wenn aber irgendjemand 950 Euro bietet, und Sie bieten nur 900 Euro, dann haben Sie einen Grund, sich zu ärgern. Das Bild hat ein anderer. Hätten Sie 1000 Euro geboten, dann hätten Sie es bekommen und 950 Euro bezahlt, immer noch deutlich unter Ihrer Schmerzgrenze.

Das ist der Witz bei Vickrey-Auktionen: Jeder bietet genau so viel, wie ihm die Sache wert ist, die da versteigert wird. Denn das Gebot hat nur einen Einfluss darauf, ob Sie diese Sache bekommen, nicht aber auf den Preis. (Allerdings: Wenn Sie mehr als 1000 Euro bieten, kann die Sache nach hinten losgehen, das zweithöchste Gebot könnte dann ebenfalls über 1000 Euro liegen, und Sie machen ein schlechtes Geschäft.)

Damit ist klar: Die *Gebote* bei Vickrey-Auktionen sind höher, als wenn jeder Gewinner zahlen muss, was er geboten hat. Den Nobelpreis gibt es dafür noch nicht, die hohe Kunst war es, auszurechnen, dass die *Preise* für diese beiden Regeln im Durchschnitt genau gleich hoch sein werden. Was übrigens auch für die »englische Auktion« gilt, die so funktioniert, wie sich die meisten Leute eine Auktion vorstellen: Bei einem niedrigen Betrag wird begonnen, und dann überbieten sich die Interessenten, bis nur noch ein Bieter übrig bleibt, zum Ersten, zum Zweiten, zum Dritten, peng! Der Auktionator kann aber auch mit einem sehr hohen Preis beginnen und ihn schrittweise senken, bis jemand »Stop« ruft und zu dem Preis kauft, der zuletzt genannt wurde. Weil in Holland Fisch und Tulpenzwiebeln seit langem auf diese Weise verkauft werden, heißt das »holländische Auktion«.

Wer Lust auf ein bisschen Nervenkitzel hat, kann mittlerweile alles Mögliche im Internet in holländischen Auktionen ersteigern. Und wo findet man mal eine Vickrey-Auktion? Wenn Sie bei Ebay bieten, geben Sie üblicherweise den höchsten Betrag an, den Sie gerade noch bereit wären zu bezahlen. Falls Sie dann die Auktion gewinnen, weil das automatische Bietsystem von Ebay alle anderen immer um einen kleinen, gerade eben nötigen Betrag überboten hat, welchen Preis zahlen Sie dann? Von ein paar Cent abgesehen einen Betrag in Höhe des zweithöchsten Gebotes. Sie haben eine Vickrey-Auktion gewonnen.

Vickrey sagte, dass ihm der monetäre Teil des Nobelpreises wenig bedeute, dass er sich aber über die Gelegenheit freue, eine Rede darüber zu halten, was ihn gerade beschäftigte. Schon länger waren das nicht mehr mathematische Modelle einzelner Akteure auf speziellen Märkten. Er interessierte sich am Ende seiner Karriere für gesamtwirtschaftliche Probleme, insbesondere Arbeitslosigkeit, und er kehrte zu seinem alten Lieblingsthema Besteuerung zurück. Wobei »Lieblingsthema Besteuerung« vielleicht einen falschen Eindruck vermittelt. Vickrey löste ein Kreuzworträtsel, während bei einer Tagung zwei Anzugträger ödes Zeug über die Einkommenssteuer vortrugen. Als das vorbei war, meldete er sich mit der Frage: »Glauben Sie nicht, dass Sie nur die Liegestühle an Bord der Titanic hin und her schieben?«

Vickrey dagegen wollte eine grundlegende Reform des Steuersystems. Denn Menschen reagieren, wenn sie besteuert werden. Nur manchmal ist das die Absicht der Steuer, wie bei der Tabaksteuer –

die Leute sollen weniger rauchen. Die meisten Steuern ändern das Verhalten aber unabsichtlich. Man will ja nicht, dass die Leute weniger arbeiten (oder schwarzarbeiten), *weil* sie besteuert werden, aber einige reagieren eben genau so. Man will auch nicht, dass Unternehmen ihren Sitz ins Ausland verlagern, um Steuern zu sparen. Vickrey fragte sich: Was könnte man besteuern, was nicht ins Ausland abwandern kann, was nicht weniger wird und was niemand vor dem Finanzamt verstecken kann? Grundbesitz. Vickrey war dafür, die meisten Steuern komplett abzuschaffen und durch eine Steuer auf den Marktwert des Bodens zu ersetzen. Das ist ein alter Vorschlag; *der* ökonomische Bestseller des 19. Jahrhunderts war *Fortschritt und Armut* von Henry George, nach dem diese Reformidee benannt ist. Trotzdem ein schönes Thema für die Nobelpreis-Rede.

Oder sollte er über Staatsverschuldung reden? Vickrey war überzeugt, dass das Ziel eines ausgeglichenen Haushaltes völliger Unsinn sei und zwangsläufig zu Arbeitslosigkeit führe, die ansonsten vermeidbar wäre. Es sei keine Belastung künftiger Generationen, wenn der Staat sich Geld leiht, um zu investieren. Ganz im Gegenteil! Was wäre denn, fragte er, wenn man AT & T, private Bauherren und General Motors zu einem »ausgeglichenen Haushalt« ohne Schulden gezwungen hätte? Dann gäbe es heute ein schlechteres Telefonnetz, weniger Häuser und weniger Autos. (Vickrey hielt Autos sicher nicht für das unverzichtbarste aller Konsumgüter, konnte jedoch davon ausgehen, dass das Beispiel seine Leser beeindruckt.)

Aber nicht nur künftige Generationen profitieren davon, wenn der Staat investiert. Auch die Sparer sind auf Staatsverschulung angewiesen. Die Zeitspanne, die wir als Rentner leben, ist im 20. Jahrhundert deutlich länger geworden. Immer mehr Leute wollen oder müssen sparen, weil ihnen die staatliche Rente nicht hoch genug ist. Doch was die einen sparen, müssen die anderen leihen. Keine Bank der Welt kann es sich leisten, Geld einfach liegen zu lassen. Während aber der Wunsch zu sparen stärker wird, müssen sich Unternehmen weniger Geld leihen. Entwickelte Länder sind nicht mehr von Schwerindustrie geprägt, also nicht mehr von Unternehmen, an deren Beginn gewaltige Investitionen in den Maschinenpark stehen müssen. Immer wichtiger werden kleine Dienstleistungsunternehmen, die einen viel geringeren Kapitalbedarf haben.

Dass Sparer mehr Kapital anbieten, als am Markt benötigt wird, kann kein anhaltender Zustand sein. Ökonomische Lehrbücher legen eine einfache marktliche Lösung nahe: Die Zinsen sinken, dadurch wird das Sparen weniger attraktiv, dafür wird es billiger, sich Geld zu leihen. Also gibt es weniger Ersparnisse und mehr Kreditnehmer. Irgendwann sind Angebot und Nachfrage von Sparkapital wieder im Gleichgewicht.

Wenn man aber spart, um für das Alter vorzusorgen, dann funktioniert das nicht mehr. Vickreys Überlegung war: Wer im Alter seine Rente um einen bestimmten Betrag aufstocken will, der muss bei fallenden Zinsen mehr sparen, um sein Ziel zu erreichen. Und eben nicht weniger, wie der Lehrbuch-Sparer. Wohin also mit der Sparschwemme?

Vickrey hätte in seiner Rede kein Blatt vor den Mund genommen. Ein Staat, der auf der Ideologie eines ausgeglichenen Haushaltes beharrt, reitet das Land in die Rezession. Vermutlich hätte er es noch etwas polemischer formuliert, schließlich hatte er es auch geschafft, den Ausdruck »gummibereifte heilige Kuh« für die Automobile der Amerikaner in eine wissenschaftliche Veröffentlichung zu schmuggeln. Aber drei Tage nach Bekanntgabe des Nobelpreises, und zwei Monate vor der Verleihung in Stockholm, starb William Vickrey. Er erlitt am Steuer seines Autos einen Herzinfarkt.

Coase und die ökonomischen Probleme ewigen Lebens
RONALD H. COASE (1910–2013)

Dass Menschen unsterblich werden, war viele Jahrhunderte nichts als eine groteske Vorstellung. In der griechischen Mythologie finden wir die Geschichte von Eos, der Göttin der Morgenröte, die sich mit dem Tod geliebter Sterblicher nicht abfinden konnte. Zum Beispiel zeugte sie mit dem Prinzen Tithonos den König Memnon, der von Achill erschlagen wurde, und sie weint bis heute um ihn – was wir für Morgentau halten, sind tatsächlich die Tränen der Eos. Um Memnons Vater wollte die Göttin nicht trauern müssen, sie erbat bei Zeus Unsterblichkeit für Tithonos. Dummerweise vergaß sie, auch um ewige Jugend zu bitten. Tithonos also alterte, ohne zu sterben, und er alterte weiter, er schrumpfte ganz erbärmlich zusammen, verlor seine Kraft und von seiner Stimme blieb nichts als ein schrilles Keifen, so dass einige antike Dichter ihn zur Grille oder zur Zikade werden lassen.

Das mag Jonathan Swift inspiriert haben, der seinen Gulliver die Luggnagier besuchen lässt, von denen einige, zum Glück sehr selten, als Unsterbliche geboren werden, als Struldbruggs. Vom achtzigsten Lebensjahr an offenbart sich das Unglück dieser Unsterblichen, sie zeigen mehr als die üblichen »Torheiten und Schwächen anderer

Greise«, werden »eigensinnig, hölzern, habgierig, mürrisch, eitel und geschwätzig«, ihnen fallen die Haare und die Zähne aus, sie verlieren die Freude am Essen und am Trinken und auch am Lesen, weil ihr Gedächtnis nicht mehr ausreicht, um sich am Ende eines Satzes noch an dessen Anfang zu erinnern.

Ähnlich unerfreulich verläuft das Altern in José Saramagos düster-absurdem Roman *Eine Zeit ohne Tod*: Die Menschen werden älter und kränker, aber sie sterben nicht mehr, weil der Tod seine Arbeit eingestellt hat, zumindest der Tod des ungenannten Landes, in dem der Roman spielt. Die Angehörigen kommen bald auf die Idee, die bettlägerige Verwandtschaft über die Grenze bringen zu lassen, denn im Nachbarland wird noch ordentlich gestorben.

Erstrebenswerter, zumindest auf den ersten Blick, ist der Zustand von Unsterblichkeit, den Raimondo Fosca in Simone de Beauvoirs Roman *Alle Menschen sind sterblich* erlangt, indem er ein magisches Elixier trinkt. Er altert seit über sechshundert Jahren nicht mehr und ist wortwörtlich nicht totzukriegen, wie er vorführt, indem er sich den Hals aufschneidet. Seine Unsterblichkeit bringt ihm die Erfahrung, viele Jahrhunderte schon erlebt und viele Rollen ausprobiert zu haben, und sie macht ihn ungemein anziehend für die Theaterschauspielerin Regine – ihr gefällt der Gedanke, dass in zehntausend Jahren noch jemand an sie denkt. Fosca aber steht der unendliche Schrecken bevor, ganz allein auf diesem Planeten zu hocken, wenn alles Leben längst erloschen ist, oder fast alles Leben, denn es gibt da noch eine unsterbliche weiße Maus, die ebenfalls von dem Elixier getrunken hat, während klügere Menschen als Fosca es haben bleiben lassen.

Wir können zuversichtlich sein, dass niemandem jemals das Schicksal des Raimondo Fosca widerfahren wird. Aber an einer Dimension seiner Unsterblichkeit wird in vielen Laboren dieser Welt tatsächlich geforscht: Der Prozess des Alterns soll gestoppt werden.

Werden wir älter, können wir absterbende Zellen zunächst noch ersetzen. Aber jedes Mal werden die Chromosomen dabei ein Stück kürzer, irgendwann funktioniert das nicht mehr, und wir verlieren die Zellen ersatzlos. Wimperntierchen aber sind Einzeller, die sich unendlich oft teilen können. Seit ein paar Jahren weiß man auch weshalb: Das Enzym Telomerase baut die Enden der Chromosomen wieder auf. Für andere Beschädigungen der Körperzellen bräuchte man eine andere Lösung, vielleicht hilfreiche winzige Nanoroboter. Oder wir verstehen endlich den Trick des Grönlandhais, der über vierhundert Jahre alt werden kann. Die Organe einer hundertjährigen Schildkröte können selbst Experten nicht von denen einer zehnjährigen unterscheiden. Die Grüne Hydra (ein Süßwasserpolyp) stirbt keinen Alterstod; die Liste wenig alterungsfreudiger Tiere ließe sich fortsetzen.

Ginge es uns ähnlich, würden wir zum genauen Gegenteil des Tithonos, wir blieben jung, könnten aber sterben. Allerdings: Zurzeit liegt die Wahrscheinlichkeit für einen Zwanzigjährigen, innerhalb eines Jahres zu sterben, bei etwa 0,5 Promille. Ist und bleibt er so gesund wie mit zwanzig, dann steigt die Lebenserwartung auf zweitausend Jahre. (Und die Hälfte der Menschen würde mindestens 1386 Jahre alt.) Was das für die Bevölkerungsgröße bedeuten würde, ist ohne weiteres nicht klar. Bekäme jeder wie bisher rund vier bis fünf Jahrzehnte vor Ende seines Lebens zwei Kinder, würde nichts Dramatisches passieren. Die Menschen wären im Durchschnitt älter, auch wenn sie nicht so aussähen, aber es gäbe dafür weniger Geburten pro Jahr als heute, weil es ja länger dauert, bis man hinreichend alt ist, um welche zu bekommen.

Aber dieses optimistische Szenario ist sehr unwahrscheinlich, schließlich weiß man ja nicht, wie alt man wird, gerade dann nicht, wenn Unfälle die wichtigste Todesursache sind. Und selbst wenn man es wüsste – weshalb sollte man so lange kinderlos bleiben wollen, man will ja schließlich seine Urururenkel noch kennenlernen. Außerdem gibt es keinen Grund, bei zweitausend erwarteten Lebensjahren nur zwei Kinder zu bekommen, selbst zehn oder zwanzig lassen immer noch Zeit für die berufliche Karriere beider Ehepartner.

Kurzum, demografische Prognosen für die Zeit nach dem Ende des Alterns sind furchtbar schwierig, aber eines steht fest: Es wird viel zu viele Menschen geben.

Wer auch immer als Erster das Mittel gegen die Alterung findet, dem droht das baldige Verbot dieser Wunderarznei, sofern er keine Lösung für das Problem der Überbevölkerung parat hat. An der wird vielleicht schon gearbeitet, wer weiß. Und wen mag die erfolgreiche Pharmafirma als Problemlöser engagiert haben? Sicherlich einen Ökonomen, also einen Experten für den Umgang mit knappen Ressourcen. Und welchen Ökonomen? Ronald Coase hätte sich angeboten. Unsterblichkeit ist für Ökonomen ein neues, ungewöhnliches Problem, und Coase war einer der originellsten Denker in der Riege der Ökonomie-Nobelpreisträger. Sein berühmtes Theorem ließe sich auch auf das Problem der Überbevölkerung anwenden.

Coase verdankte seine Karriere als Ökonom einem gewissen Mangel an Bildung, denn eigentlich wollte er Geschichte studieren, aber sein Latein war nicht gut genug. Die zweite Wahl wäre Chemie gewesen, aber dann ließ er sich von der Mathematik abschrecken, die dafür nötig gewesen wäre. Ein Geheimnis ist das nicht, Coase schildert das in der autobiografischen Skizze, die von jedem Ökonomie-Nobelpreisträger erwartet wird. Außerdem erzählt Coase – wie fast alle seine Vorgänger und Nachfolger – auch etwas Persönliches über seine Eltern. So erfahren wir, dass sein Vater Telegrafist bei der Post war, mit Begeisterung verschiedene Sportarten ausgeübt hat und es im Bowls, der englischen Variante von Boule oder Boccia, sogar in die lokale Auswahlmannschaft brachte, abgesehen davon, dass er auch für die *Bowls News* schrieb. Es ist rührend zu sehen, wie ein Preisträger nach dem anderen dafür sorgt, dass sein Andenken an die Eltern in den Annalen des Nobelpreises verewigt wird.

Noch als Student an der London School of Economics schrieb Coase seine erste Forschungsarbeit, die sich der auf den ersten Blick überraschenden Frage widmet, warum es eigentlich Firmen gibt. Firmen sind ja Organisationen, in denen nicht ausgehandelt wird, was wie zu tun ist – der Chef oder der Abteilungsleiter bestimmt das. Dabei sind es außerhalb von Firmen doch eigentlich Preise und Märkte, auf die wir uns verlassen und die meist auch ganz gut funktionieren. Niemand muss in einer Marktwirtschaft planen und anordnen, wie viel Weizen, wie viele Fahrräder und wie viele Bücher zu produzieren sind, trotzdem werden ziemlich genau so viel Weizen, so viele Fahrräder und so viele Bücher produziert, wie nachgefragt werden. Und nehmen wir an, die Nachfrage nach etwas steigt, zum Beispiel nach Chia-Samen, weil das gerade der hippe Ernährungstrend ist, dann signalisieren die steigenden Preise den Produzenten, dass es sich lohnt, mehr davon zu produzieren. Auch auf dem Arbeitsmarkt wirken Preise: Viele junge Menschen, die Jura studieren, tun das nicht, weil sie das furchtbar interessant finden, sondern weil man damit Geld verdienen kann. Würde man als Philosoph besser bezahlt, dann würden sie eben Philosophie studieren. Niemand braucht anzuordnen, wie viele Studienanfänger sich für Jura und wie viele sich für Philosophie einzuschreiben haben.

Firmen dagegen sind Inseln der Planwirtschaft. Innerhalb einer Firma folgen die Menschen nicht den Signalen von Marktpreisen, sondern den Anordnungen ihrer Vorgesetzten. Und mit welcher Technik produziert wird, kann der Produktionsleiter sich nicht jeden Tag neu aussuchen, die Maschinen stehen ja da und wollen ausgelastet werden. Ist das nicht ineffizient?

Ein gutes Beispiel für Produktion ohne Firmen ist die Filmwirtschaft. Dem Filmproduzenten gehört nichts, er besitzt nicht mal eine Kamera, er hat auch keine Angestellten außer vielleicht einem Büroassistenten. Alles wird für einen Film zusammengemietet, Beleuchtung, Technik, Tiertrainer, Catering, Maske, Kostüme, Stuntmen, einfach alles. Wenn der Film fertig ist, haben alle ihren Vertrag mit dem Produzenten erfüllt und gehen ihrer Wege. Aber das ist nicht typisch, und Coase zeigt, warum das in vielen Branchen nicht funktionieren würde: Weil für bestimmte Produkte und Tätigkeiten die Nutzung von Märkten einfach zu teuer ist, weil komplizierte Verträge abgeschlossen werden müssten, die alle möglichen Eventualitäten regeln. Die Bedeutung dieses Aufsatzes blieb viele Jahre lang unerkannt, aber mittlerweile ist daraus ein eigener Forschungszweig geworden, die »Neue Institutionenökonomik«. Sie erklärt nicht nur, warum es Unternehmen gibt, sie hilft ihnen auch, zum Beispiel bei der Entscheidung »Make or Buy?« – soll etwas, was man für die Produktion braucht, von Zulieferern gekauft oder selbst hergestellt werden?

Was auch immer Industrieunternehmen selbst produzieren, zumindest die Rohstoffe fördern sie nicht selbst, sondern sie kaufen sie. Diese Tatsache machte sich Coase zunutze, als er im Zweiten Weltkrieg im Stab von Churchills Kriegskabinett arbeitete und schätzen sollte, wie viele Panzer und Flugzeuge in Deutschland gefertigt werden. Während das geheim gehalten werden konnte, waren die Kapazitäten und Einfuhren für wichtige Rohstoffe wie Kohle, Stahl und Kupfer bekannt. Mit den Rückschlüssen, die Coase daraus zog, war Churchill so zufrieden, dass er Coase einen weiteren Auftrag gab, nämlich die Produktionsstatistiken der eigenen Industrie zu überprüfen. Churchill misstraute den britischen Rüstungsunternehmen – zu Recht, wie sich herausstellte.

Die Studie, die Coase später schlagartig berühmt machte, hat eine merkwürdige Vorgeschichte. 1959, Coase war mittlerweile Professor an der University of Virginia, veröffentlichte er einen Aufsatz über die Zuteilung von Frequenzen für Radio- und Fernsehsender. Er forderte, die Frequenzen wie normale Güter zu handeln. Während die meisten Ökonomen daran wenig auszusetzen hatten, schien ihnen eine andere Behauptung seltsam: Coase meinte, es sei gleichgültig, an wen der Staat die Frequenzen zunächst vergebe, am Ende werde schon ein effizientes Ergebnis herauskommen.

Eine Gruppe von Ökonomen aus Chicago lud Coase zu einer Diskussion seiner Analyse ein. Vor Beginn der Debatte wurde förmlich abgestimmt, zwanzig Ökonomen hielten die Argumentation von Coase für fehlerhaft, einer hielt sie für richtig, das war Coase selbst. Nach der Debatte hatte Coase alle einundzwanzig Stimmen. Die geschlagenen Ökonomen ermunterten Coase, seine Gedanken ausführlicher als in dem Aufsatz über Frequenzen aufzuschreiben. Das Ergebnis war der berühmte Artikel *The Problem of Social Cost*.

»Soziale Kosten« sind Kosten der Produktion oder des Konsums, die nicht vom Verursacher selbst getragen werden. Wenn zum Beispiel Fabriken Abwässer in einen Fluss einleiten und deshalb Fische sterben, dann entstehen der Gesellschaft Kosten: Es gibt weniger essbare Fische. Aber diese Kosten tragen nicht die Unternehmen, sondern die Fischer, die weniger fangen, oder diejenigen, die die Fische essen und krank werden. Lange Zeit meinten Ökonomen, dass solche Aktivitäten reguliert oder besteuert werden müssten, um sie auf das effiziente Ausmaß zu reduzieren. Coase war davon nicht überzeugt. Er sammelte Fälle von sozialen Kosten, die vor Gericht verhandelt worden waren, und deklinierte sein Argument an jedem einzelnen dieser Fälle durch.

Ein Beispiel ist der Fall Sturges gegen Bridgman. Die Maschinen eines Konditors verursachten Lärm, der die Arbeit eines benachbarten Arztes erheblich störte, unter anderem konnte er seine Patienten nicht abhören, wenn die Maschinen in Betrieb waren – der Fall ereignete sich 1879, was den mangelnden Lärmschutz erklärt. Auf die vom Arzt eingereichte Klage entschied das Gericht, dass »der Arzt das Recht hatte, den Konditor von der Benutzung seiner Maschinen abzuhalten«, wie Coase sich ausdrückte, was nicht gleichbedeutend mit einem Verbot des Betriebs der Maschinen sei. Es hätte nämlich Folgendes geschehen können:

Die beiden Parteien hätten über die Erteilung der »Betriebserlaubnis« für die Maschinen durch den Arzt verhandeln können. Der Arzt hätte auf seine Rechte verzichtet (beziehungsweise sie dem Konditor übertragen), wenn die vom Konditor angebotene Entschädigung höher gewesen wäre als das Einkommen, das der Arzt verliert. Wie viel der Konditor anbietet, hängt davon ab, wie viel Einkommen ihm die Nutzung seiner Maschinen bringt. Am Ende würde er sie weiternutzen können, wenn er mehr an ihnen verdient, als sie den Arzt kosten.

Nehmen wir nun an, das Gericht hätte nicht dem Arzt, sondern dem Konditor das Recht zum Betrieb seiner Maschinen zugestanden. Auch dann hätten Arzt und Konditor verhandeln können – diesmal über eine Kompensation, die der Arzt dem Konditor zu zahlen hätte, damit dieser seine Maschinen stilllegt. Dabei kommt dasselbe heraus: Am Ende würde der Konditor die Maschinen weiternutzen, wenn sie ihm mehr einbringen, als sie den Arzt kosten.

Das heißt, ob die Maschine betrieben wird, hängt nicht davon ab, wem dieses Recht zunächst zugesprochen wird. Ein weiteres Beispiel von Coase ist die Viehherde eines Farmers, die Schäden auf dem Getreidefeld eines benachbarten Farmers anrichtet (und es sei egal, ob sie das darf oder nicht, Hauptsache die beiden Farmer verhandeln miteinander). Oder die funkenschlagende Eisenbahn, die Feuer entlang der Gleise verursachen kann. Immer kommt heraus: Wenn Rechte ohne Hindernisse handelbar sind, dann ist es egal, wer sie zunächst hat – letztlich wird sie derjenige erhalten, der sie aus ökonomischer Sicht haben sollte. (Heute nennt man das Coase-Theorem, auch wenn Coase selbst nie von einem Theorem gesprochen hat.)

Könnte man handelbare Rechte auch einsetzen, um die Überbevölkerung unseres Planeten zu verhindern? Direkte Verhandlungen zwischen Verursachern und Geschädigten kann man sich nicht vorstellen, aber das ist auch nicht nötig. Wer Kinder bekommen möchte, müsste eine Art Lizenz dafür erwerben, und es gäbe nur so viele Lizenzen, dass die Erde die Menschen weiterhin dauerhaft ernähren kann. Wendet man das Coase-Theorem auf diesen Fall an, dann heißt das, dass es egal ist, wie der Staat sie unter die Leute bringt. Er könnte sie zum Beispiel verlosen, wichtig ist nur, dass die Lizenzen weiterverkauft werden können.

Das hört sich schrecklich an, und es wird nicht besser, wenn man sich Details ausmalt. In Dmitry Glukhovskys dystopischem Roman *Futu.re* ist der Protagonist zunächst Angehöriger eines Sonderkommandos, das Menschen aufspürt, die unsterblich sind, aber Kinder haben – die Kinder bleiben am Leben, doch die Eltern bekommen eine Spritze verpasst, dank der sie schnell und zudem unfruchtbar altern. Dass alle ein Recht auf Unsterblichkeit, aber nicht auf Kinder haben, ist in Glukhovskys Welt die europäische Lösung, die panamerikanische funktioniert anders: Die Zahl der Unsterblichen ist genau festgeschrieben, und wenn durch Unfall oder Selbstmord eines dieser unsterblichen Leben endet, dann wird die medizinische Behandlung, die Unsterblichkeit verleiht, unter den Sterblichen an den Meistbietenden versteigert.

All das ist (noch) Fiktion. Obwohl ja manch alte Menschen den Eindruck erwecken, ihre Alterung sei schon gestoppt worden. Coase war so ein Fall (vielleicht, könnte man phantasieren, war das als Beraterhonorar unseres fiktiven Pharmaunternehmens vereinbart).

Seit 1992 – ein Jahr nachdem Coase der Nobelpreis verliehen wurde – bittet die Universität Chicago einmal jährlich einen bedeutenden Ökonomen, zu Ehren von Coase eine Coase Lecture zu halten. 2003 wurde Coase selbst eingeladen, das zu tun. Er nutzte die Gelegenheit, sein Befremden darüber zu äußern, dass er eine Coase Lecture halte, eigentlich habe er das sein Leben lang gemacht. Besonders misslich fand er, dass der Zweck der Veranstaltung sei, Ronald Coase zu ehren, während man doch eigentlich Mutter und Vater ehren solle, nicht sich selbst, ein solches Gebot wäre ja für die meisten Menschen ohnehin überflüssig, schon Adam Smith habe darauf hingewiesen, dass wir bei kaum jemandem einen Mangel an Selbstliebe feststellen können.

Coase war zum Zeitpunkt dieser munteren Vorlesung 92 Jahre alt, wirkte aber zwanzig Jahre jünger. Doch dann erwischte es auch ihn, er verlor seine aufrechte Haltung, seine Stimme wurde schwächer, und sein Geist wandte sich wieder den Forschungsthemen seiner Jugend zu. Ein Aufsatz aus dem Jahr 2006 befasst sich mit der Frage, warum General Motors achtzig Jahre zuvor Fisher Body gekauft hatte, seinen bis dahin unabhängigen Lieferanten von Karosserien. Als Coase 98 war, zeichneten die Organisatoren einer Konferenz seinen Beitrag vorsichtshalber auf Video auf, um die eine oder andere Pause herausschneiden zu können. Am 2. September 2013 starb Coase im Alter von 102 Jahren – die Frage, wie wir mit einer drastisch verlängerten Lebenszeit fertigwerden können, müssen wir nun doch ohne ihn beantworten, und zwar bald, sonst wachen wir eines Tages in einem Schauerroman auf.

Variationen über Themen von Friedrich List

HENRI DE SAINT-SIMON (1760–1825), ALEXANDER HAMILTON (1755?–1804), ELIZABETH BOODY SCHUMPETER (1898–1953), KARL MARX (1818–1883) UND ROSA LUXEMBURG (1871–1919)

Friedrich List war nicht der erste Ökonom, der auf die Idee kam, sich zu erschießen und in einem Abschiedsbrief um Unterstützung für Hinterbliebene zu bitten. Der Franzose Henri de Saint-Simon versuchte genau dies im Jahr 1823, allerdings kostete es ihn lediglich ein Auge. Saint-Simon war einer der »Frühsozialisten«, von denen Marx und Engels nicht viel hielten: schwach in der Analyse, groß nur im Entwurf von Utopien. Wie List mangelte es auch Saint-Simon nicht an Selbstvertrauen; als Siebzehnjähriger ließ er sich mit dem Satz wecken: »Stehen Sie auf, Herr Graf, denn Sie haben große Dinge zu vollbringen.« Der Grafentitel, auf den Saint-Simon nach der Französischen Revolution verzichtete, war echt, erfunden dagegen die Abstammung von Karl dem Großen. Wie List versuchte sich Saint-Simon nach verschiedenen anderen Unternehmungen als Herausgeber und Publizist. In einer seiner Zeitschriften, *L'Organisateur*, findet sich seine als »Parabel« berühmt gewordene Polemik, in der Saint-Simon zunächst die Misere beschreibt, die zu erwarten wäre, stürben plötzlich die dreitausend hervorragendsten Wissenschaftler, Künstler und Arbeitskräfte – er zählt vierzig Berufsgruppen detailliert auf, von Physikern und Chemikern über Dichter und Bildhauer bis hin zu Ingenieuren, Ärzten, Uhrmachern, Bergleuten, Tuchfabrikanten, Reedern, Druckern und Hufschmieden. Dieses Unglück würde Frankreich zu einem Körper ohne Seele machen und im Wettbewerb mit anderen Nationen für mindestens eine Generation zurückwerfen.

Was geschähe dagegen, stürben statt dieser dreitausend nützlichen Menschen die dreißigtausend an der Spitze des Staates? Einige nennt Saint-Simon namentlich, beginnend mit dem Bruder des Königs, dazu die Herzöge von Angoulême, von Berry, von Orléans und von Bourbon, ferner Leute wie Staatsminister, Sachbearbeiter für Petitionen im Staatsrat, Kardinäle, Präfekten, Richter, Großgrundbesitzer und so weiter. Dieses Unglück wäre zwar betrüblich, aber kein Schaden für den Staat. Der Grund dafür sei nicht, dass es ziemlich leicht sei, an die Stelle eines Herzogs oder eines Großgrundbesitzers zu treten und dessen Pflichten zu übernehmen. Nein, diese Leute leisteten ohnehin nichts Produktives und richteten nur Schaden an, indem sie Geld und Anerkennung auf sich zögen, die eigentlich den Wissenschaftlern und Künstlern, dem Handwerk und dem Gewerbe zustünden.

So etwas gefällt dem aufstrebenden Bürgertum, schließlich fordert Saint-Simon eine Regierung der Fähigsten und Produktivsten, zu denen er zwar nicht die Adligen zählt, wohl aber die Unternehmer. Etwas naiv glaubt er eine Zeitlang, was für Unternehmer gut sei, nütze ja auch den Arbeitern. Kein Wunder, dass seine Publikationen von reichen Bürgern unterstützt wurden – plötzlich jedoch versiegte diese Quelle. Einer der Adligen, die Saint-Simon namentlich genannt hatte, der Herzog von Berry, wurde erstochen. Der Mörder war ein Einzeltäter – aber hatte Saint-Simons Parabel ihn aufgehetzt? Saint-Simon wurde angeklagt, was zwar zu keiner Verurteilung führte, ihn aber wirtschaftlich in die Bredouille brachte.

Nach seinem missglückten Selbstmord hatte Saint-Simon noch gut zwei Jahre zu leben. Immer noch lag es ihm am Herzen, die Lage der Armen zu verbessern, aber auf das Gewinnstreben der Unterneh-

mer setzte er nicht mehr, nun sollte etwas Grundlegenderes her: ein neues Christentum (*Le Nouveau Christianisme* hieß sein letztes Buch). Er hinterließ die »Saint-Simonisten«, eine Sekte mit allem Drum und Dran, Streit unter den Sektenführern über Monogamie versus Promiskuität, Schisma und nach ein paar Jahren das Ende, zuvor noch weltliche Bemühungen à la List: eine Initiative zum Bau des französischen Eisenbahnnetzes.

Ein anderer Ökonom, dem Freund Hein Aufschub gewährte, wenn auch nur um gut einen Tag, war Alexander Hamilton, Vorläufer von List als Erziehungszoll-Advokat. Seine Argumente für den Schutz junger Industrien legte er 1791 dem Kongress im *Report on Manufactures* vor. Hamiltons konkrete Vorschläge wurden zwar zunächst abgelehnt, seine Denkschrift schuf aber eine günstige Stimmung für folgende Initiativen, Zölle zu erheben. 1795 endet Hamiltons Amtszeit als erster Finanzminister der Vereinigten Staaten. Er kehrte in alte Positionen zurück, erst Anwalt, dann wieder Militär. Als Freund und Berater George Washingtons versuchte er immer noch, Einfluss auf die Politik zu nehmen. Einer derjenigen, die er sich dabei zum Feind machte, war Aaron Burr, der immerhin Vizepräsident unter Thomas Jefferson war, als er Hamilton zum Duell forderte.

Burrs Kugel zerstörte Teile von Lunge und Leber und beschädigte das Rückenmark; Hamilton war sofort querschnittsgelähmt, und er wusste, dass er die anderen Verletzungen nicht überleben würde. Ihm blieben 31 Stunden, um sich von Frau, Kindern und zwanzig Freunden zu verabschieden. Er hinterlässt uns die Frage: Was würden Sie wem sagen, wenn Sie wissen, dies ist Ihr letzter Tag? Und warum sagen Sie es nicht früher?

Schumpeter hielt auf Hamilton wie auf List große Stücke. Was Lists »bekanntesten Beitrag zur Bildung der öffentlichen Meinung in Deutschland auf dem Gebiet der Wirtschaftspolitik betrifft, sein Erziehungszollargument, so geht dies ganz eindeutig auf Hamilton zurück und ist ein Teil der ökonomischen Weisheit, die er von seiner Reise nach den Vereinigten Staaten mit nach Hause brachte«, schrieb er, warnte davor, Lists analytische Fähigkeiten zu überschätzen, lobte ihn dann überschwänglich: »Er war ein großer Patriot, ein brillanter Journalist und ein fähiger Wirtschaftswissenschaftler, der alles richtig zu koordinieren verstand, was der Verwirklichung seiner Vision diente. Ist das nicht genug?«

So steht es in Schumpeters *Geschichte der ökonomischen Analyse*. Das ist ein 1500 Seiten starkes Werk, eine Demonstration von Schumpeters enormer Gelehrtheit, vollgestopft mit starken Urteilen, aber eben auch so etwas wie Joyces *Ulysses* oder Musils *Mann ohne Eigenschaften*: Es gilt als Meisterwerk, das man ehrfürchtig zu bewundern hat, aber nur wenige können von sich behaupten, es gelesen zu haben.

Schumpeter starb, ohne diese Arbeit vollendet zu haben. Dass aus seinen Manuskripten ein Buch wurde, verdanken wir seiner dritten Frau, Elizabeth Boody Schumpeter. 1934 ist er Zweitgutachter ihrer Dissertation über den englischen Außenhandel, 1935 gelten sie in Harvard als Paar, nach einigem Zögern ringt sich Schumpeter 1937 zu einer dritten Heirat durch.

Zu der Zeit forschte Elizabeth über die Wirtschaft Japans. Sie warnte davor, die ökonomische Stärke Japans zu unterschätzen, und sie glaubte nicht, dass Wirtschaftssanktionen geeignet waren, den Krieg zu beenden, den Japan gegen China führte. Waffen und Munition könnten die Japaner trotzdem produzieren, während die Sanktionen die Position der vielen Japaner schwächten, die sich eine liberalere Regierung und eine weniger aggressive Außenpolitik wünschten. Auch den Nichtangriffspakt Japans mit der Sowjetunion von 1941 sagte sie 1940 voraus.

Es gab nicht viele echte Japan-Experten in den USA. Nach dem Angriff der Japaner auf Pearl Harbor im Dezember 1941 hätte die Regierung sie als Beraterin engagieren können. Stattdessen machte das

FBI sie zur Verdächtigen: FBI-Chef J. Edgar Hoover hielt ihre Publikationen für bezahlte japanische Propaganda, die gegen das Spionagegesetz verstieß. Er war unzufrieden mit den Erträgen seiner Agenten, die nicht nur Elizabeth befragten, sondern auch Nachbarn, Freunde und Kollegen der Schumpeters. Nichts Brauchbares kam dabei heraus – Schumpeter war ein strikter Gegner der Nazis, Elizabeth hatte 1934 begonnen, über Japan zu forschen, lange bevor der Krieg abzusehen war, und was sie veröffentlichte, erlaubte keine eindeutigen Rückschlüsse. Hoover fand, der nächste Agent, der Elizabeth befragt, solle sich einfach besser vorbereiten, so sei Ende der 1930er Jahre eine größere Summe auf ihr Konto eingegangen, von wem stamme das denn wohl? Das ließ sich klären, die Verdächtige hatte ein Haus verkauft. Anklage wurde nie erhoben.

Neben ihren eigenen Arbeiten unterstützte Elizabeth so gut es ging ihren Mann, den der Zweite Weltkrieg in Depressionen stürzte, der an Selbstzweifeln litt und an Stimmungsschwankungen, die er hinter seinem Charme versteckte. Sie ertrug es, dass immer noch ein Bild von Annie, seiner verstorbenen zweiten Frau, auf seinem Nachttisch stand, und sie half ihm bei der Arbeit an der *Geschichte der ökonomischen Analyse*, seinem gewaltigen letzten Werk, über das sie sagte: »Wenn wir schon kein Kind haben können, dann lass uns dieses Buch zusammen haben.«

Als 1948 bei Elizabeth Brustkrebs festgestellt wurde, war Schumpeter verzweifelt und vertraute seinem Tagebuch die Einsicht an, dass Elizabeth ihm mehr gegeben als von ihm erhalten habe. Das sollte so bleiben. Brustamputation und Bestrahlung verschafften ihr einen Aufschub. Sie überlebte Schumpeter um dreieinhalb Jahre, in denen sie sich der Aufgabe widmete, die Manuskriptfragmente zu ordnen, die sich in verschiedenen Bibliotheken, in Arbeitszimmern und einer Dachkammer befanden, teils handschriftlich, teils schon abgetippt; sie musste korrigieren und Entscheidungen treffen, zum Beispiel über undatierte alternative Fassungen einiger Passagen und über fehlende Überschriften. Noch in den letzten Wochen ihres Lebens widmete sie sich dieser Aufgabe, todkrank arbeitete sie am Autoren- und Sachindex. Wie Schumpeter erlebte auch sie das Erscheinen des Buches nicht mehr.

Wenn es ein ökonomisches Werk gibt, das posthum erschien und das noch berühmter ist als das von Schumpeter, dann sind das Band zwei und drei von *Das Kapital*. Im List-Kapitel reichte der Platz gerade, um zu erwähnen, dass Marx seine Redakteursstelle bei der *Rheinischen Zeitung* Lists Sturz vom Pferd verdankte und wohl nur deshalb den wohlhabenden Friedrich Engels kennengelernt hatte, ohne dessen Zuwendungen er kaum etwas hinterlassen hätte, woran Ökonomen sich heute noch erinnern. Aber er mutete Engels noch eine Menge mehr zu, und eine ganz besondere Zumutung war es, den zweiten und dritten Band von *Das Kapital* abzuschließen.

Schon den ersten Band hatte Marx ewig vor sich her geschoben. 1845 schrieb ihm Engels: »Mach, daß Du mit Deinem nationalökonomischen Buch fertig wirst«. 1851 meinte Marx, er brauche noch fünf Wochen, um »mit der ganzen ökonomischen Scheiße« fertig zu werden, 1859 erschien eine Vorarbeit und 1867 endlich der erste Band von *Das Kapital*. Zu den beiden folgenden Bänden hinterließ er umfangreiche Manuskripte, über 1600 Seiten, allerdings trotzdem sehr lückenhaft, in kleiner, schwer entzifferbarer Handschrift. Nicht das Schreiben war sein Problem, sondern das Aufhören. In einem Fragebogen, den ihm seine Tochter Jenny vorlegte, trug er unter »Motto« ein: *De omnibus dubitandum*, »an allem ist zu zweifeln«. Das letzte Jahrzehnt seines Lebens widmete er dem Prokrastinieren, so lernte er Russisch und betrieb Studien auf Gebieten wie Ethnologie, Physiologie, Chemie oder Geologie.

Engels war ein effizienter Autor mit einem ordentlichen Schreibtisch in einem sehr aufgeräumten Arbeitszimmer, das glatte Gegenteil von Marx, der wusste, Engels würde etwas aus seinen Manuskripten machen können, und so geschah es ja auch: 1885 gab Engels den zweiten, 1894 den dritten Band heraus. Dass er vor Engels sterben würde, musste Marx als ziemlich wahrscheinlich erscheinen: Seit er 45 war, plagten ihn chronisch Furunkeln und Karbunkeln, fehlbehandelt mit Arsen; überaus detailreich berichtet er in Briefen an Engels über den »Karbunkeldreck« oder auch »Karbunkelhund« oder »Monster-Karbunkel«; er litt an Raucherbronchitis und Leberbeschwerden, klagte über »Gallenzustände« und Schlaflosigkeit. Als wahrscheinliche Todesursache gilt heute eine Lungentuberkulose, vielleicht auch Lungenkrebs.

Die Theorie, die Marx als Manuskript hinterließ, war nicht völlig zu Ende durchdacht; an vielen Stellen wird Engels vom Herausgeber und Redakteur zum Koautor. Das gilt zum Beispiel für die Krisen- und Zusammenbruchstheorie, einen der bekanntesten Teile aus diesen beiden Bänden. Über kurz oder lang würden die größeren und kapitalkräftigeren Unternehmen die kleinen aus dem Feld schlagen, bis sie selbst verdrängt werden. Am Ende dieses Prozesses bleiben nur wenige, aber besonders krisenanfällige Unternehmen mit immer geringeren Profitraten, dazu ein Heer von Arbeitskräften, die keiner mehr braucht.

Bis heute ist das »Gesetz des tendenziellen Falls der Profitrate« umstritten, empirisch wie theoretisch, quer durch die Lager der ökonomischen Forschung. Auf Seiten von Marx findet man liberal-konservative Ökonomen wie Hans-Werner Sinn, während von der Kritik des Marx-Bewunderers Schumpeter ja schon die Rede war. Aber auch echte Marxisten kritisieren Marx, wie zum Beispiel Yanis Varoufakis, der telegene motorradfahrende Ökonomie-Professor, griechischer Finanzminister für ein knappes halbes Jahr während des Höhepunktes der Finanz- und Wirtschaftskrise der EU 2015, in deren Zentrum sein Land stand. Er kritisiert Marx' Versuch, Einsichten über den Kapitalismus aus einem deterministischen mathematischen Modell zu gewinnen. Varoufakis hat recht: Der Kern von *Das Kapital* sind mathematische Modelle, was nicht heißt, dass die Wörter darum herum unwichtig werden, nicht zuletzt halten sie die Leser bei Laune mit Perlen wie dieser: »Das Kapital ist verstorbne Arbeit, die sich nur vampirmäßig belebt durch Einsaugung lebendiger Arbeit und um so mehr lebt, je mehr sie davon einsaugt.« Was Marx aber übersehe, sei ein entscheidender Grund für die kapitalistische Dynamik: genau der Teil menschlicher Arbeit, der nicht quantifizierbar sei. Marx hätte, so Varoufakis, eigentlich einsehen müssen, dass seine »Gesetze« eben nicht unveränderlich seien.

Auch Rosa Luxemburg zweifelt am Gesetz des tendenziellen Falls der Profitrate, sie schreibt: »Es hat (...) mit dem Untergang des Kapitalismus am Fall der Profitrate noch gute Wege, so etwa bis zum Erlöschen der Sonne.«

Und da ihr Name nun schon einmal gefallen ist, will Rosa Luxemburgs Geschichte auch noch erzählt werden. Mit sechzehn bestand sie in Warschau ihr Abitur; sie hatte glänzende Noten, aber in Polen – wie in den meisten anderen Ländern – wurden Frauen 1887 nicht zum Studium zugelassen, ohnehin wäre sie wegen sozialistischer Agitation bald verhaftet worden. Das Land, in das sie nicht nur fliehen, sondern in dem sie auch studieren konnte, war die Schweiz. An der Universität Zürich belegte sie alle möglichen Fächer, bevor sie sich auf Volkswirtschaftslehre spezialisierte. In diesem Fach wurde sie 1897, gerade 26 geworden, promoviert. Es sagt viel über Rosa Luxemburg, dass sie als Doktorvater Julius Wolf wählte, der ein bürgerlicher Ökonom und scharfer Marx-Kritiker war. Er bewertete Rosa Luxemburgs Arbeit über *Die industrielle Entwickelung Polens* mit *magna cum laude*, bemängelte allerdings, dass sie gelegentlich »Ausdrücke der sozialistischen Pamphlete-Literatur« verwendete.

Sie sollte – neben gewaltiger publizistischer und politischer Aktivität – noch mehr Bücher über ökonomische Fragen schreiben: 1913 erschien *Die Akkumulation des Kapitals – Ein Beitrag zur ökonomischen*

Erklärung des Imperialismus, und posthum wurde ihre unvollendete *Einführung in die Volkswirtschaftslehre* herausgegeben, die vor allem auf ihren Vorträgen an der Reichsparteischule der SPD basierte. Diese Werke sind weitgehend vergessen, und wenn es von Rosa Luxemburg etwas gibt, was sich heute noch zu lesen lohnt, dann sind das nicht ihre ökonomischen Texte, sondern ihre wunderbaren Briefe aus dem Gefängnis.

Erstmals wurde sie 1904 zu einer Freiheitsstrafe verurteilt, drei Monate sollte sie wegen Majestätsbeleidigung verbüßen, denn über Wilhelm II. hatte sie öffentlich gesagt: »Der Mann, der von der guten und gesicherten Existenz der deutschen Arbeiter spricht, hat keine Ahnung von den Tatsachen.«

Es folgten weitere kurze Gefängnisaufenthalte, aber bedrohlich wurde es 1913. Selbst die SPD, der Rosa Luxemburg damals noch angehörte, stimmte höheren Militärausgaben zu, sie war entsetzt und versuchte, der aufkommenden Kriegsbegeisterung etwas entgegenzusetzen: »Wenn uns zugemutet wird, die Mordwaffe gegen unsere französischen oder anderen ausländischen Brüder zu erheben, so erklären wir: ›Nein, das tun wir nicht.‹« Aufforderung zum Ungehorsam gegen die Gesetze und gegen Anordnungen der Obrigkeit, so sah es der Staatsanwalt. Über drei Jahre verbrachte sie während des Ersten Weltkriegs in Gefängnissen. Im Februar 1917 schrieb sie aus der Festung Wronke:

Auf meiner Grabestafel dürfen nur zwei Silben stehen: »Zwi-zwi«. Das ist nämlich der Ruf der Kohlmeisen, den ich so gut nachmache, daß sie sofort herlaufen. Und denken Sie, in diesem Zwi-zwi, das sonst ganz klar und dünn, wie eine Stahlnadel auffunkelte, gibt es seit einigen Tagen einen ganz kleinen Triller, einen winzigen Brustton. Und wissen Sie, Fräulein Jacob, was das bedeutet? Das ist die erste Regung des kommenden Frühlings – trotz Schnee und Frost und Einsamkeit glauben wir – die Kohlmeisen und ich –

an den kommenden Frühling! Und wenn ich den vor Ungeduld nicht erleben sollte, dann vergessen Sie nicht, dass auf meiner Grabestafel *nichts* stehen darf außer »Zwi-zwi«.

Am 8. November 1918, der Krieg war so gut wie vorüber, kam sie frei, am 15. Januar 1919 befahl ein rechtsextremer Wehrmachtsoffizier, der keine Gesetze kannte, wenn es darum ging, eine Räterepublik zu verhindern, ihre Ermordung. Ihre Leiche wurde in den Berliner Landwehrkanal geworfen. Was dann mit ihr geschah, weiß man nicht. Die stark verweste Leiche, die am 31. Mai an der Freiarchenbrücke gefunden und in Berlin-Friedrichsfelde beerdigt wurde, könnte Rosa Luxemburg gewesen sein oder auch nicht. (Wasserleichen waren keine Seltenheit: Zwischen der Stelle, wo Rosa Luxemburg in den Kanal geworfen wurde, und dem Fundort liegen vierhundert Meter. In diesem Bereich fand ein Taucher im Februar 1919 zwei weibliche und eine männliche Leiche, dazu siebzig Gewehre.) Der Obduktionsbericht von 1919 überzeugt jedenfalls nicht. Ein Berliner Gerichtsmediziner machte vor einigen Jahren Schlagzeilen mit der Hypothese, eine Wasserleiche, die schon lange im Keller der Charité lag, könnte Rosa Luxemburg sein. Aber das bleibt ziemlich zweifelhaft; alle Versuche, DNA-Spuren von Rosa Luxemburg aufzutreiben, sind gescheitert.

Von dem Grab auf dem Zentralfriedhof Friedrichsfelde ist nichts geblieben, es wurde 1941 eingeebnet. Was 1919 wirklich aus der Toten wurde, bleibt das geheime Wissen der Kohlmeisen, deren Zwi-zwi heute keiner mehr versteht.

Anmerkungen und Quellen

Zum **Vorwort**: Die Lebensdauer von Autoren unterscheidet sich von jener, mit der andere Künstler rechnen dürfen, nicht bloß um eine Kleinigkeit. Die Autoren in der Stichprobe von Kaun (1991) starben im Durchschnitt mit 61,7 Jahren, alle anderen lebten sechs bis zehn Jahre länger, das reicht von Cartoonisten mit 67,9 Jahren über Musiker, Architekten, Maler, Komponisten, Sänger und Tänzer bis hin zu den langlebigsten Künstlern mit jeweils 72 Jahren: Fotografen und Dirigenten. Keinen Trost spendet übrigens die Studie des Psychiaters Felix Post (1994) über die Psychopathologie verschiedener Berufsgruppen. Symptome schwerer psychischer Störungen findet er bei 46 Prozent der Schriftsteller in seiner Stichprobe, dagegen nur bei 17 bis 18 Prozent der Wissenschaftler und Politiker. Und sein Kollege, Professor Donald W. Goodwin (1995, S. 14), meint, nur eine einzige Berufsgruppe, nämlich Barkeeper, sei häufiger von Leberzirrhose betroffen als Schriftsteller.

Das Enzensberger-Zitat stammt aus einem Gespräch mit Alexander Kluge (http://kluge.library.cornell.edu/de/conversations/enzensberger/film/1970/transcript), das Zitat von Roland Barthes findet sich bei Ribière (2011).

Hella Hayek (ja, die Ehefrau des Ökonomen Friedrich August von Hayek) übersetzte **Cantillons** *Essai sur la Nature du Commerce en Gé-*

néral 1931 unter dem Titel *Abhandlung über die Natur des Handels im allgemeinen*. Die Einleitung hat Friedrich Hayek selbst verfasst, ihr entnehme ich das Grimm-Zitat (S. XXXIX). Das erste längere Cantillon-Zitat (zur Geldtheorie) steht auf S. 105, das zweite (zur Bevölkerungstheorie) auf S. 54. Der erwähnte Aufsatz von W. Stanley Jevons (betitelt *Richard Cantillon and the Nationality of Political Economy*) ist in verschiedenen Nachdrucken gut zugänglich, u. a. als Anhang zur englischen (Rück-?)Übersetzung durch Henry Higgs. Die Berichte, Cantillons Buch sei bereits viele Jahre vor seinem Tod schon als Manuskript kursiert, sind nicht gut belegt. Was seit Jevons zur Cantillon-Biografie herausgefunden wurde, wäre Jevons – einem der bedeutendsten Ökonomen des 19. Jahrhunderts – bei seinen eigenen Nachforschungen sicher auch nicht entgangen, hätten sie nicht ein jähes Ende gefunden: Jevons ertrank am 13. August 1882 beim Baden an der englischen Südküste. So erschien die maßgebliche Biografie erst hundert Jahre später (Murphy, 1986). Für den Hinweis auf Cantillon danke ich Harald Hagemann.

Bentham schrieb jeden Tag zehn bis fünfzehn Seiten, nach wie vor ist vieles ungedruckt, aber schon die existierenden Werkausgaben lassen den Leser verzweifeln. Wer Bentham im Original lesen möchte, der sollte sicher mit dem Hauptwerk *An Introduction to the Principles of Morals and Legislation* (1780) beginnen.

Einen guten Überblick über Benthams ökonomische Werke verschafft Stark (1941). Medizinische Literatur über Bentham: Lucas und Sheeran (2006) zu Anzeichen für das Asperger-Syndrom bei Bentham und Lewenz und Pearson (1904) zu seinem Schädel.

Dass Bentham seinen Ofen für Experimente mit dem Mumifizieren zur Verfügung gestellt hatte, heißt nicht, dass es gesicherte Informationen zur Durchführung solcher Experimente gibt, siehe Marmoy (1958). Dies sind die erwähnten Experimente: Knetsch und Sinden (1984); Kahneman, Knetsch und Thaler (1990).

Obwohl Bentham in der Tat viel Mühe darauf verwenden musste, den neuen Gedanken des abnehmenden Grenznutzens zu erklären, hatte er die Idee nicht als Erster, diese Ehre gebührt (nach Kauder, 1965, ch. III) Daniel Bernoulli, aber Bentham habe die Idee »wiederentdeckt«, ohne Bernoullis Werk zu kennen.

»Verbesserung der Moral ...« zitiert nach Welzbacher (2011), S. 11.

Die Formulierung »Benthams Argumente für das Frauenwahlrecht« soll nicht darüber hinwegtäuschen, dass Bentham sich in dieser Frage nicht in allen seinen Schriften ganz sicher war, er führte auch Gegenargumente wie die vermeintlich geringe Rationalität von Frauen oder ihre Neigung zum Aberglauben an, siehe Ball (1980); Campos Boralevi (1980).

Das Protokoll des Landgerichts Kufstein über den Sektionsbefund ist Band VIII der Friedrich-**List**-Werkausgabe (Berlin 1933) entnommen (S. 846) – wörtlich, aber ohne Kürzungen zu kennzeichnen. Im selben Band (S. 122) findet sich die besagte Bitte um Erlaubnis zur Heirat vom 1. Februar 1818, die für Freunde des Sprachwandels hier wörtlich zitiert sei:

Eure Königliche Majestät

bitte ich (...) um Erlaubnis, mich mit Karoline Neidhard, geb. Seybold, verheiraten zu dürfen, noch ferner:

1. um gnädigste Dispensation vom dreimaligen Aufgebot und

2. um gnädigste Erlaubnis, mich zu Wertheim, im Badischen, wo meine Braut sich gegenwärtig aufhält, kopulieren lassen zu dürfen.

In tiefster Ehrfurcht beharrend

Euer Königl. Majestät

untertänigst treu gehorsamster

Professor List

Sehr schön ist der von der Stadt Reutlingen herausgegebene Ausstellungskatalog *Friedrich List und seine Zeit* (1989).

Thünens Sorge um Hermann war völlig unberechtigt, beide Söhne wurden tüchtige Landwirte (Hippauf, 2000), und so besteht auch das Thünen'sche Beteiligungsmodell bis zum Verkauf Tellows durch den letzten Thünen'schen Eigentümer, Thünen-Enkel Alexander, und wird erst durch dessen Nachfolger 1896 aufgekündigt (Vonderach, 2004; das Kapitel über Thünen und sein Gut ist auch sonst lesenswert). Das Gutshaus blieb erhalten und beherbergt heute das Thünen-Museum, das 2013 aus den Werken und Briefen Thünens eine buchstarke Sammlung von Zitaten extrahiert hat, als sei sein Namensgeber ein mecklenburgischer Dalai Lama; ein realistischeres Bild vom alltäglichen Thünen (»Lieber Sohn – Ich komme gestern von Güstrow zurück und eile Dir mit der morgen abgehenden Post einige Nachricht über den Wollmarkt und meinen Wollverkauf zu geben ...«) liefert die umfangreiche Ausgabe der Brief Thünens, die 2011 im Metropolis-Verlag erschienen ist; die wörtlichen Zitate (mit leicht aktualisierter Rechtschreibung und Zeichensetzung) sind hieraus und aus *Der isolierte Staat* entnommen; die Jugendschrift über Groß Flottbek ist in Rieter (1995) enthalten.

Darauf, dass der Marktlohn größer als Thünens naturgemäßer Lohn sein kann, weist Samuelson (1983, S. 1486) hin.

Zu Alexander Wassiljewitsch **Tschajanow** siehe Bourgholtzer (1999) und Janssen (2010); das vollständige Gnadengesuch findet sich nur in der russischen Quelle, aus der Schulze (2001) die Verhörprotokolle und andere Dokumente auszugsweise übersetzt. Die Druckausgabe des Romans (Tschajanow, 1981) hat gegenüber der Online-Ausgabe den Vorteil, dass es das Vorwort eines sowjetischen Funktionärs enthält, das in der Ausgabe von 1920 über den, wie er meint, reaktionären Charakter des Romans aufklärt. Das wissenschaftliche Hauptwerk ist Tschajanow (1987). Das Zitat zur Pressung des Ochsen in die Form eines Kamels ist Bogomasow und Drosdowa (1999), S. 58, entnommen.

Hayeks Äußerung über **Keynes** stammt aus einem Interview, das Leo Rosten 1978 mit ihm führte, die relevante Stelle findet man auf YouTube, wenn man dort »Hayek on Keynes's Ignorance of Economics« eingibt. Die Asquith-Anekdote ist aus Holroyd (1995), der Brief an Churchill und dessen Antwort finden sich in Keynes (1981), S. 749 f. Die deutsche Übersetzung des Zitats von Samuelson (1946) über Keynes entnehme ich Recktenwald (1971), S. 559 f. Zu Keynes' Beziehung zu Lytton Strachey siehe Davenport-Hines (2015), Kapitel 5, und zur Bananenparabel Barens (1989). Die Information über Keynes' letzte Lektüre entnehme ich Skidelsky (2004), S. 832. Die einzige mir bekannte deutsche Übersetzung von Thomas Parnell's *A Night-Piece on Death* ist von Luise von Plönnies, ich entnehme sie dem Band *Britannia. Eine Auswahl englischer Dichtungen alter und neuer Zeit*, Frankfurt 1843. Dass Keynes sich in seinen letzten überlieferten Worten auf genau dieses Gedicht bezogen hat (und kein anderes von Parnell), ist eine begründete Vermutung, aber zugegebenermaßen nicht mehr. Uwe Greßmanns Gedicht »Todeserwartung«, aus dem ich am Ende mit freundlicher Genehmigung der Akademie der Künste zitiere, findet sich in Schreibheft Nr. 83 (August 2014), S. 146.

Die **Stackelberg**-Zitate finden sich in Heft 1 des 7. Jahrgang (1932) der *Jungnationalen Stimmen* (»Die biologische Betrachtung ...« S. 4; »Befreiung der deutschen Volksteile ...« S. 5) und Band 4 Heft 1 (1934) der *Westdeutschen akademischen Umschau* (»Der Forscher kann frei ...« S. 5). Eine ausführliche Bibliografie enthalten die *Gesammelten wirtschaftswissenschaftlichen Abhandlungen* Stackelbergs, die 1992 in zwei Bänden im Transfer-Verlag Regensburg erschienen sind. Darin auch eine von Hans Möller, einem Stackelberg-Schüler, verfasste Biografie. (Nicht darin enthalten ist sein Bericht darüber, wie Stackelbergs »Exil« zustande kam, ich verdanke ihn Hans Nutzinger: Hitler hatte am 23. Oktober 1940 in Hendaye erfolglos versucht, Franco zum Kriegseintritt zu bewegen; um das Scheitern dieses Treffens zu vertuschen, wurde wenigstens ein deutsch-spanischer Wissenschaftleraustausch vereinbart, für den Stackelberg aufgrund seiner Sprachkenntnisse ein offensichtlicher Kandidat war; Möller riet ihm, das Angebot anzunehmen.)

Die erwähnte Stärke von **Schumpeters** *Theorie der wirtschaftlichen Entwicklung* von 550 Seiten bezieht sich auf die erste Auflage, die späteren hat Schumpeter deutlich gekürzt und lesbarer gemacht (allerdings findet sich der Vergleich mit den »Kanälen im Mars« nur in der ersten Auflage, ebenso wie die »ganzen Kerle« und die »Tatenlust«). Hilfreich fand ich Ehrig und Staroske (2016). Die Zitate aus dem Tagebuch entnehme ich Annette Schäfers Schumpeter-Biografie (2008).

Eine sehr gute Sammlung von Quellen und Texten von und zu Schumpeter ist http://www.schumpeter.info. Für den Hinweis auf das Potenzial von Schumpeter für ein Buch wie dieses danke ich Mathias Erlei.

Die im Kapitel über John **von Neumann** erwähnte Sherlock-Holmes-Geschichte von Arthur Conan Doyle heißt *The Final Problem* (Das letzte Problem) und wurde zuerst 1893 im *Strand Magazine* veröffentlicht. Oskar Morgenstern hat sie in seinem Buch *Wirtschaftsprognose* (Wien 1928) aufgegriffen. John von Neumanns Aufsatz *Zur Theorie der Gesellschaftsspiele* wurde veröffentlicht in *Mathematische Annalen* 100 (1928), S. 295–320.

Von Neumann war von Geburt Jude, so dass der junge Oskar Morgenstern sich kaum hätte vorstellen können, einmal mit ihm zusammenzuarbeiten und befreundet zu sein. Zu Beginn seiner Karriere in Wien war er ein übler Antisemit, als Student schrieb er in sein Tagebuch etwa Folgendes: »Uebrigens; nun weiss ich, warum die Juden Fichte so hassen, denn er hat ja gesagt: ›Man sollte allen Juden in einer Nacht den Kopf abschlagen.‹ Alle grossen Männer damals waren Antisemiten, zu einer Zeit, da nur die Grossen erkennen konnten, welche Gefahr droht. Wer es jetzt nicht ist, der ist ein Verbrecher.« Zitiert nach Rellstab (1992). Morgenstern wurde allerdings selbst für einen Juden gehalten, sei es aufgrund seines Namens oder wegen seiner runden Brille, die auf einer Nase saß, die die Wiener Nazis für jüdisch zu halten pflegten, jedenfalls verzögerte sich seine Habilitation allein deshalb um ein Jahr. Diese und weitere Diskriminierungen heilten ihn gründlich von seinem Antisemitismus.

Emanuel Laskers Versuch einer Poker-Analyse findet sich in seinem Buch *Das verständige Kartenspiel* (Berlin 1929).

Heims (1980) entnehme ich u. a. die Anekdote über seine Annahme, seine Mutter müsse wohl gerade rechnen. Andere gute Biografien: Poundstone (1992, eingeflochten ist eine gute nichttechnische Einführung in die Spieltheorie); daraus das Zitat über die Abneigung der Ungarn gegenüber Russland (S. 143); Israel und Millán Gasca (2009); Leonard (2010); und als die einzige ins Deutsche übersetzte Macrae (1994). Von Neumanns Position zu den Risiken atomarer Technologien zitiere ich nach Halmos (1973).

Detailliertere Quellennachweise zu **Schmölders** finden sich in Frank (2003); Schmölders (1988) ist die Autobiografie und Schmölders (1930) die Studie zur Alkoholprohibition. Zu den deutschen Ökonomen im Exil vgl. Hagemann (2005).

Meine Quelle für **Vickrey**s Experiment mit drahtlosem *road pricing* ist der Beitrag von Ron Harstad für das *Dictionary of Scientific Biography*, online verfügbar als Manuskript hier: http://ideas.repec.org/p/umc/wpaper/0519.html.

Das Titanic-Zitat überliefert Max B. Sawicky zusammen mit anderen Erinnerungen an Vickrey (http://archives.econ.utah.edu/archives/pkt/1996m10-b/msg00069.html).

»Gummibereifte heilige Kuh« ist meine Übersetzung von »rubber-tired sacred cow« aus Vickrey (1963). Über das Telefonat mit dem frischgebackenen Nobelpreisträger Vickrey berichtet Mason Gaffney: »Warm Memories of Bill Vickrey« (http://www.wealthandwant.com/ auth/Vickrey.html). Zum Rip van Winkle Award und anderen biografischen Details vgl. das Vorwort von Jacques Drèze und Richard Arnott in Vickrey (1994).

Dass es Vickrey-Auktionen vor Vickrey gab, überrascht viele Ökonomen, denen man den lesenswerten Artikel von Lucking-Reiley (2000) empfehlen kann. Vickrey (1996) enthält seine steuerpolitischen Reformvorschläge, zu seiner Makroökonomik vgl. diese beiden posthumen Veröffentlichungen: Vickrey (1997) und Vickrey (1998).

Wem Vickreys Argumente bekannt vorkamen, der kennt sie möglicherweise aus Veröffentlichungen des deutschen Ökonomen Carl Christian von Weizsäcker, der in jüngster Zeit mit Nachdruck für Staatsverschuldung geworben hat, vgl. zum Beispiel seinen Gastbeitrag *Das Janusgesicht der Staatsschulden* in der FAZ vom 4. Juni 2010, S. 12 oder von Weizsäcker (2015).

Ein Markt für das Recht auf Geburt als Abhilfe gegen Überbevölkerung wurde zuerst von einem tiefreligiösen Ökonomen vorgeschlagen, von Kenneth E. Boulding (1964), leider weist er darin keine Quellen nach, so dass die Inspiration durch **Coase** (1959, 1960) nur vermutet werden kann. Die meisten Ökonomen sprechen nicht von sozialen Kosten, sondern von negativen Externalitäten, aber Coase mochte diesen Begriff nicht.

Eine Quelle, aus der hervorgeht, ob List von **Saint-Simons** missglücktem Selbstmord wusste, kenne ich nicht, aber es ist gut möglich: Vier Jahre vor Lists Tod berichtet Lorenz von Stein in seinem Buch *Socialismus und Communismus des heutigen Frankreichs* über Saint-Simons Selbstmordversuch und behauptet ziemlich pathetisch, dass »niemand scheidet, ehe er seine Aufgabe vollbracht hat«, eine Stelle, die Johann Heinrich von Thünen auf sich selbst bezog und die er gleich zweimal in seinen Briefen zitiert. Saint-Simons Parabel findet sich (ebenso wie der Satz, mit dem der junge Saint-Simon sich wecken ließ) u. a. in Ramm (Hrsg., 1956).

Alexander **Hamilton** ist übrigens nicht der einzige Ökonom, der einem Pistolenduell zum Opfer fiel, dasselbe gilt auch für Ferdinand Lassalle (1825-1864). Der ist zwar in erster Linie als Politiker bekannt (aus dem *Allgemeinen Deutschen Arbeiterverein*, dessen erster Präsident er war, ging später die SPD hervor), seine wenigen ökonomischen Schriften aber lobte Schumpeter als »brillant«. Bekannt wurde Lassalles »ehernes Lohngesetz«, das besagt, »daß der durchschnittliche Arbeitslohn immer auf den notwendigen Lebensunterhalt reduziert bleibt, der dem Volke gewohnheitsmäßig zur Fristung der Existenz und zur Fortpflanzung erforderlich ist« – sofern die Verhältnisse sich nicht ändern. Lassalle geht auf die vierzig zu, als er mit der kapriziösen Tochter des bayerischen Gesandten in der Schweiz anbändelt; ihre Familie ist nicht begeistert über den jüdischen Arbeiterführer, der fast doppelt so alt ist wie die Tochter. Ihr Vater lässt sich im Duell vom späteren Schwiegersohn vertreten. Nach dessen Schuss ins Gemächt lebt Lassalle, der ein paar Jahre zuvor Duelle »ein unsinniges Petrefakt einer überwundenen Kulturstufe« genannt hatte, noch drei Tage.

Zu Elizabeth **Boody Schumpeter** siehe McCraw (2008); das Zitat steht auf S. 519. Ein Beispiel für ihre Japan-Forschung ist Boody Schumpeter (1939).

Zur Krankengeschichte von Karl **Marx** siehe Gross (1983); zur Arbeit von Engels am zweiten und dritten Band des *Kapital* Roth (2013). Varoufakis (2015) entnehme ich seine Kritik an Marx, den Hans-Werner Sinn (2017) gegen Rosa Luxemburg verteidigt.

Der im Abschnitt über Rosa **Luxemburg** erwähnte Rechtsmedizi-ner ist Michael Tsokos (2009; kritisch dazu Laschitza und Gietinger, 2010). Den Brief zitiere ich nach Luxemburg (1990, S. 326 f.); in einer anderen schönen Auswahl ihrer Briefe (Luxemburg, 1972) findet sich das Treffendste, was man am Ende eines Buches über ökonomische Forschung sagen kann; es gilt heute so wie 1917:

> Je mehr das Niederträchtige und Ungeheuerliche, das jeden Tag passiert, alle Grenzen und Maße übersteigt, um so ruhiger und fester werde ich, wie man gegenüber einem Element, einem Bu-ran [Schneesturm, BF], einer Wasserflut, einer Sonnenfinsternis, nicht sittliche Maßstäbe anwenden kann, sondern sie nur als et-was Gegebenes, als Gegenstand der Forschung und Erkenntnis betrachten muß.

Literatur

Ball, Terence (1980), Was Bentham a Feminist? The Bentham Newsletter 4, S. 25-32.

Barens, Ingo (1989), From the »Banana Parable« to the Principle of Effective Demand: Some Reflections on the Origin, Development and Structure of Keynes' *General Theory*, in: Donald A. Walker (Hrsg.), Perspectives on the History of Economic Thought, Volume II: Twentieth-Century Economic Thought, Aldershot: Elgar, S. 111-132.

Bogomasow, Gennady Y. und **Natalia P. Drosdowa** (1999), Alexander Wassiljewitsch Tschajanow: Leben und Werk, in: Bertram Schefold (Hrsg.), Vademecum zu einem russischen Klassiker der Agrarökonomie, Düsseldorf: Verlag Wirtschaft und Finanzen, S. 37-74.

Boody Schumpeter, Elizabeth (1939), The Problem of Sanctions in the Far East, Pacific Affairs 12, S. 245-262.

Boulding, Kenneth E. (1964), The Meaning of the Twentieth Century, New York: Harper & Row.

Bourgholtzer, Frank (1999), Aleksandr Chayanov and Russian Berlin, London: Frank Cass.

Campos Boralevi, Lea (1980), In Defence of a Myth, The Bentham Newsletter 4 (1980), S. 33-46a.

Coase, Ronald H. (1959), The Federal Communications Commission, Journal of Law and Economics 2, S. 1-40.

Coase, Ronald H. (1960), The Problem of Social Cost, Journal of Law and Economics 3, S. 1-44.

Davenport-Hines, Richard (2015), Universal Man. The Seven Lives of John Maynard Keynes, London: William Collins.

Ehrig, Detlev und **Uwe Staroske** (2016), Der Weltenherrscher ökonomischer Dynamik. Zum Schumpeterschen Unternehmerverständnis, in: Harald Hagemann und Jürgen Kromphardt (Hrsg.), Keynes, Schumpeter und die Zukunft der entwickelten kapitalistischen Volkswirtschaften, Marburg: Metropolis, S. 169-203.

Frank, Björn (2003), Günter Schmölders and the Economics of Prohibition, in: Warren J. Samuels (Hrsg.), European Economists of the Early 20th Century, Vol. 2, Studies of Neglected Continental Thinkers of Germany and Italy. Cheltenham (u. a.): Elgar, S. 281-294.

Goodwin, Donald W. (1995), Alkohol & Autor, Zürich: Edition Epoca.

Gross, Gerhard (1983), »Die Dummheit im Kopf und die Paralysis in den Gliedern«, Deutsches Ärzteblatt 80(10), S. 104-111.

Hagemann, Harald (2005), Dismissal, Expulsion, and Emigration of German-Speaking Economists after 1933, Journal of the History of Economic Thought 27, S. 405-420.

Halmos, Paul R. (1973), The Legend of John von Neumann, The American Mathematical Monthly 80(4), S. 382-394.

Heims, Steve J. (1980), John von Neumann and Norbert Wiener. From Mathematics to the Technologies of Life and Death, Cambridge (Mass.): MIT Press.

Hippauf, Renate (2000), Johann Heinrich von Thünen: ein Lebensbild, Rostock: Hinstorff.

Holroyd, Michael (1995), Carrington: eine Liebe von Lytton Strachey, Reinbek: Rowohlt.

Israel, Giorgio und **Ana Millán Gasca** (2009), The World as a Mathematical Game. John von Neumann and Twentieth Century Science, Basel (u. a.): Birkhäuser.

Janssen, Hauke (2010), Alexander W. Tschajanow (1888-1937) und die russische Emigration in Deutschland, in: Heinz D. Kurz (Hrsg.), Studien zur Entwicklung der ökonomischen Theorie XXIV: Wechselseitige Einflüsse zwischen dem deutschen wirtschaftswissenschaftlichen Denken und dem anderer europäischer Sprachräume, Berlin: Duncker & Humblot, S. 119-139.

Kahneman, Daniel, **Jack L. Knetsch** und **Richard H. Thaler** (1990), Experimental Tests of the Endowment Effect and the Coase Theorem, Journal of Political Economy 98, S. 1325-1348.

Kauder, Emil (1965), A History of Marginal Utility Theory, Princeton, NJ: Princeton University Press.

Kaun, David E. (1991), Writers Die Young: The Impact of Work and Leisure on Longevity, Journal of Economic Psychology 12, S. 381–399.

Keynes, John Maynard (1981), The Collected Writings of John Maynard Keynes, Vol. XIX: Activities 1922–1929, London: Macmillan.

Knetsch, Jack L. und **J. A. Sinden** (1984), Willingness to Pay and Compensation Demanded: Experimental Evidence of an Unexpected Disparity in Measures of Value, Quarterly Journal of Economics 99, S. 507–521.

Laschitza, Annelies und **Klaus Gietinger** (Hrsg., 2010), Rosa Luxemburgs Tod. Dokumente und Kommentare, Leipzig: Rosa-Luxemburg-Stiftung Sachsen.

Leonard, Robert J. (2010), Von Neumann, Morgenstern, and the Creation of Game Theory. From Chess to Social Science, 1900–1960, Cambridge (u. a.): Cambridge University Press.

Lewenz, M. A. und **Karl Pearson** (1904), On the Measurement of Internal Capacity from Cranial Circumferences, Biometrika 3, S. 366–397.

Lucas, Philip und **Anne Sheeran** (2006), Asperger's Syndrome and the Eccentricity and Genius of Jeremy Bentham, Journal of Bentham Studies 8, S. 1–37.

Lucking-Reiley, David (2000), Vickrey Auctions in Practice: From Nineteenth-Century Philately to Twenty-First-Century E-Commerce, Journal of Economic Perspectives 14(3), S. 183–192.

Luxemburg, Rosa (1972), Briefe aus dem Gefängnis, 7. Auflage, Berlin: Dietz.

Luxemburg, Rosa (1990), Herzlichst Ihre Rosa. Ausgewählte Briefe, 2. Auflage, Berlin: Dietz.

Macrae, Norman (1994), John von Neumann. Mathematik und Computerforschung – Facetten eines Genies, Basel (u. a.): Birkhäuser.

Marmoy, C. F. A. (1958), The »Auto-Icon« of Jeremy Bentham at University College, London, Medical History 2, 77–86.

McCraw, Thomas K. (2008), Joseph A. Schumpeter. Eine Biographie, Hamburg: Murmann.

Murphy, Antoin E. (1986), Richard Cantillon. Entrepreneur and Economist, Oxford: Clarendon Press.

Post, Felix (1994), Creativity and Psychopathology: A Study of 291 World-famous Men, The British Journal of Psychiatry 165, S. 22–34, zit. nach

Dean Keith Simonton (2014), The Mad (Creative) Genius: What Do We Know after a Century of Historiometric Research?, in: James C. Kaufman (Hrsg.), Creativity and Mental Illness, (u. a.):Cambridge University Press, S. 25-41.

Poundstone, William (1992), Prisoner's Dilemma, New York, London u. a.: Doubleday.

Ramm, Thilo (Hrsg., 1956), Der Frühsozialismus. Ausgewählte Quellentexte, Stuttgart: Kröner.

Recktenwald, Horst C. (Hrsg., 1971), Geschichte der Politischen Ökonomie. Eine Einführung in Lebensbildern, Stuttgart: Kröner.

Rellstab, Urs (1992), Ökonomie und Spiele. Die Entstehungsgeschichte der Spieltheorie aus dem Blickwinkel des Ökonomen Oskar Morgenstern, Chur (u. a.): Rüegger.

Ribière, Mireille (2011), Barthes - The Early Years, http://www.mireille ribiere.com/downloads/Roland-Barthes-The-Early-Years/BarthesEarly Years1.Childhood.pdf

Rieter, Heinz (Hrsg., 1995), Studien zur Entwicklung der ökonomischen Theorie XIV: Johann Heinrich von Thünen als Wirtschaftstheoretiker, Berlin: Duncker & Humblot.

Roth, Regina (2013), Die Herausgabe von Band 2 und 3 des *Kapital* durch Engels, Marx-Engels-Jahrbuch 2012-13, Berlin: AkademieVerlag, S. 168-182.

Samuelson, Paul A. (1946), Lord Keynes and the General Theory, Econometrica 14 (3), S. 187-200.

Samuelson, Paul A. (1983), Thünen at Two Hundred, Journal of Economic Literature 21, S. 1468-1488.

Schäfer, Annette (2008), Die Kraft der schöpferischen Zerstörung: Joseph A. Schumpeter. Die Biographie, Frankfurt und New York: Campus.

Schmölders, Günter (1930), Die Prohibition in den Vereinigten Staaten - Triebkräfte und Auswirkungen des amerikanischen Alkoholverbots, Leipzig: Hirschfeld.

Schmölders, Günter (1988), »Gut durchgekommen?« Lebenserinnerungen, Berlin: Duncker & Humblot.

Schulze, Eberhard (2001), Alexander Wasiljewitsch Tschajanow - die Tragödie eines großen Agrarökonomen, Kiel: Vauk. (Mehr in: Sel'skij mir: Ènciklopedija Rossijskich Dereven. Agrarnyj Institut, Moskva 1998.)

Sinn, Hans-Werner (2017), What Marx Means Today, CESifo Working Paper Series 6463.

Skidelsky, Robert (2004), John Maynard Keynes 1883-1946. Economist, Philosopher, Statesman, London: Pan Books.

Stark, W. (1941), Liberty and Equality or: Jeremy Bentham as an Economist, The Economic Journal 51, No. 201, S. 56-79.

Thünen, Johann Heinrich von (2011), Briefe, Marburg: Metropolis.

Thünen, Johann Heinrich von (2013), Zitate, Dülmen: Laumann.

Tschajanow, Alexander W. (1981), Reise meines Bruders Alexej ins Land der bäuerlichen Utopie, Frankfurt: Syndikat.

Tschajanow, Alexander W. (1987), Die Lehre von der bäuerlichen Wirtschaft: Versuch einer Theorie der Familienwirtschaft im Landbau. Nachdruck der Ausgabe von 1923 mit einer Einleitung von Gerd Spittler, Frankfurt und New York: Campus.

Tsokos, Michael (2009), Dem Tod auf der Spur, Berlin: Ullstein.

Varoufakis, Yanis (2015), How I became an erratic Marxist, https://www.theguardian.com/news/2015/feb/18/yanis-varoufakis-how-i-became-an-erratic-marxist

Vickrey, William (1963), Pricing in Urban and Suburban Transport, American Economic Review 53, No. 2 (Papers and Proceedings), S. 452-465.

Vickrey, William (1994), Public Economics. Selected Papers by William Vickrey, Cambridge (u. a.): Cambridge University Press.

Vickrey, William (1996), The Corporate Income Tax in the U. S. Tax System, Tax Notes 73 (4.11.1996), S. 597-604.

Vickrey, William (1997), A Trans-Keynesian Manifesto (Thoughts about an Asset-based Macroeconomics), Journal of Post Keynesian Economics 19, S. 495-510.

Vickrey, William (1998), Fifteen Fatal Fallacies of Financial Fundamentalism: A Disquisition on Demand-Side Economics, Proceedings of the National Academy of Sciences of the United States of America 95, S. 1340-1347.

Vonderach, Gerd (2004), Land-Leben gestern und heute, Münster: Lit-Verlag.

Weizsäcker, Carl Christian von (2015), Kapitalismus in der Krise? Der negative natürliche Zins und seine Folgen für die Politik, Perspektiven der Wirtschaftspolitik 16, S. 189-212.

Welzbacher, Christian (2011), Der radikale Narr des Kapitals, Berlin:
   Matthes & Seitz.

Zum Weiterlesen:
Wenn Ihnen dieses Buch gefallen hat, dann mögen Sie wahrscheinlich auch
die folgenden:
Ulrike Herrmann, Kein Kapitalismus ist auch keine Lösung (Westend 2016).
Sylvia Nasar, Markt und Moral: Die großen Ökonomen und ihre Ideen
   (Bertelsmann 2012).
Georg von Wallwitz, Mr. Smith und das Paradies (Berenberg 2013).

Björn Frank, Jahrgang 1964, ist Professor für Volkswirtschaftslehre an der Universität Kassel. Zahlreiche wissenschaftliche und einige populärwissenschaftliche Publikationen sowie zwei Kinderbücher. Zuletzt erschien 2017 der Wirtschaftskrimi »Geldgerinnung« (mit Johann Graf Lambsdorff, UVK).

ETV 12.2.2019

Mo 3.2.2020

Ana Bln

© 2019 Berenberg Verlag GmbH, Sophienstraße 28/29, 10178 Berlin

KONZEPTION | GESTALTUNG: Antje Haack | www.lichten.com
SATZ | HERSTELLUNG: Büro für Gedrucktes, Beate Zimmermanns
ABBILDUNGEN: Einbandvorderseite von National Portrait Gallery, London, Einbandrückseite von ullstein bild und Frontispiz von akg-images
REPRODUKTION: Frische Grafik, Hamburg
DRUCK | BINDUNG: Elbe Druckerei Wittenberg, Lutherstadt Wittenberg
Printed in Germany
ISBN 978-3-946334-52-1